中国少数民族人口丛书

保安族

翟振武 主编

杨新科 武胜文/编著

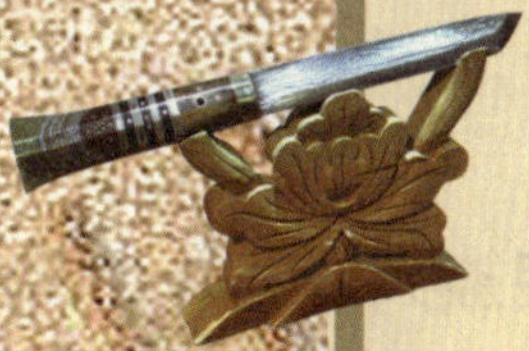

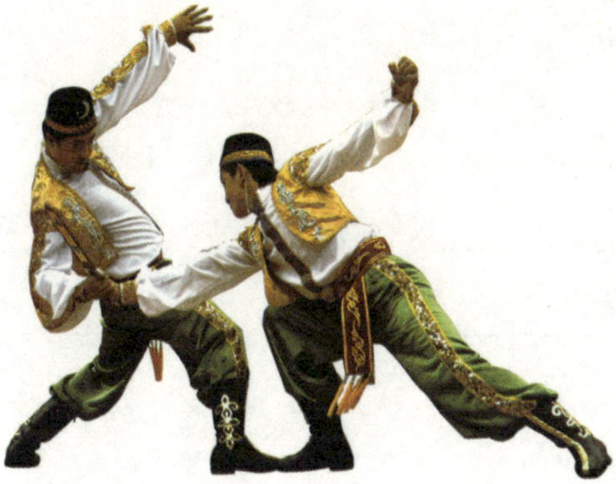

图书在版编目（CIP）数据

保安族 / 杨新科，武胜文编著 . —北京：中国人口出版社，2012. 12（2022.7重印）

（中国少数民族人口丛书）

ISBN 978-7-5101-1417-5

Ⅰ. ①保… Ⅱ. ①杨… ②武… Ⅲ. ①保安族—民族文化—中国 Ⅳ. ①K283. 4

中国版本图书馆 CIP 数据核字（2013）第 036954 号

中国少数民族人口丛书　保安族

ZHONGGUO SHAOSHU MINZU RENKOU CONGSHU　　BAO'ANZU

翟振武　主编　杨新科　武胜文　编著

责任编辑　魏小玲
美术编辑　刘海刚
责任印制　林　鑫　王艳如
出版发行　中国人口出版社
印　　刷　北京兴星伟业印刷有限公司
开　　本　710 毫米 ×1000 毫米　1/16
印　　张　8　插 1
字　　数　109 千字
版　　次　2012 年 12 月第 1 版
印　　次　2022 年 7 月第 2 次印刷
书　　号　ISBN 978-7-5101-1417-5
定　　价　32.00 元

网　　址　www.rkcbs.com.cn
电子信箱　rkcbs@126.com
总编室电话　(010) 83519392
发行部电话　(010) 83510481
传　　真　(010) 83538190
地　　址　北京市西城区广安门南街 80 号中加大厦
邮　　编　100054

序

如果把一个民族比作一颗星星，那我们就是生活在一个繁星满天的世界。当今世界上有约 3000 个民族，分布在 200 多个国家和地区，绝大多数国家由多个民族组成。中国也是同样，是由各族人民共同缔造的统一的多民族国家。在漫漫的历史长河中，生活在中华大地上的各族人民密切往来、交流融合、团结奋斗、休戚与共，形成了一个伟大的强盛的中华民族大家庭，共同开发了祖国的美好河山，共同推动了国家的发展和社会的进步。

在中华民族的大家庭中，有 56 个成员，其中有 55 个是少数民族。新中国成立以来，少数民族人口一直持续增长。1953 年第一次全国人口普查时，少数民族人口总数为 3532 万人，占全国总人口的 6.1%。2010 年进行第六次全国人口普查时，少数民族人口总量达到了 1.14 亿，几乎是 1953 年的 3 倍，占到了全国 13.4 亿人口的 8.5%。各少数民族人口数量相差较大，如壮族有 1693 万人，回族 1059 万人，满族 1039 万人，维吾尔族 1007 万人，而赫哲族只有 5354 人，塔塔尔族 3556 人，独龙族 6930 人。中国各民族的人口分布呈现大散居、小聚居、交错杂居的特点。汉族地区有少数民族聚居，少数民族地区也有汉族居住；许多少数民族既有一块或几块聚居区，又散居全国各地。中国少数民族聚居区大都地广人稀，资源富集。少数民族地区的草原面积，森林和水力资源蕴藏量，以及天然气等基础储量，均超过或接近全国的一半。全国 2.2 万多公里陆地边界线中的 1.9 万公里在民族地区。全国的国家级自然保护区面积中民族地区占到 85%以上，是国家的重要生态屏障。中国各民族的起源和经济、社会、文化的发展有着本土性、多元性、多样性的特点，五彩缤纷，丰富多彩。

要全面认识中华民族，就要从认识每一个民族开始。正是从这个理念出发，我们编写了这套《中国少数民族人口》大型系列丛书，力图从历史、文化、经济、社会等各个方面，用准确、科学、生动的语言，全方位描述和展现各少数民族灿烂辉煌的历史和现状，编织出一幅绚丽多彩的中华民族大家庭的“全家福”。

编写这样一套大型系列丛书，难度非同一般。几经论证和深入研讨，最终形成了编写大纲，这套丛书各个分卷的作者绝大多数由少数民族作家担任，他们不仅熟悉自己民族的历史和文化，而且对本民族有深厚的感情。在国家新闻出版总署、国家人口计生委和中国人口出版社的大力支持下，作者们历经数年，几易其稿，终成此书。值此丛书出版之际，我们衷心地祈愿这幅“全家福”能为民族的交流和团结，为中国的文化建设，为整个中华民族的繁荣昌盛，做出一份微薄的贡献。

翟振武

2012 年 5 月于北京

PREFACE

Every nationality sparkles like a star in the firmament. Now we have about 3000 stars distributed across the world in more than 200 countries, most of which are multinational. So is China, which consists of a number of nationalities. For centuries, all the nationalities have lived together, worked together and fought together, making China a prosperous unified multinational country.

Of all the 56 nationalities in China, 55 are minorities whose population has been increasing since the founding of The People's Republic of China. According to the first census in 1953, the minority population was about 35. 32 million, accounting for 6. 1 percent of China's total population. By 2010, the number had almost tripled. According to the sixth census, the population of the minorities amounted to 114 million, making up 8. 5 percent of the 1. 34 billion people in China. The population size of minority groups varies a lot. Some of them have a large population, for example, the Zhuang Nationality has a population of 16. 93 million; the Hui has 10. 59 million people and the Manchu consists of 10. 39 million people. Some of the minorities are quite small, such as the Hezhe, the Tatar and the Drung nationalities, which have populations of 5354, 3556 and 6930, respectively. China's nationalities live together over vast areas with some living in individual, concentrated communities in small areas.

Some minorities' concentrated communities are scattered among the Hans, and some Han people also live in the minority communities. Some minorities may have one or more concentrated communities, while their people spread all over the country. Most minorities' concentrated communities have their people sparsely distributed in large areas with abundant resources. The grassland, forest, water and natural gas reserves in areas inhabited by minority people account for about half of China's total. Further, 19 000 kilometers of the nation's 22 000-kilometer land boundary are in minorities' communities. In addition, 85 percent of the country's state-level natural reserves are in the minority areas, making the people important guardians of China's ecology. Each of the nationalities' origin is unique, and their development of economy, society and culture is full of variety.

Only by learning every aspect of the minorities' lifestyle can we have a comprehensive understanding of the Chinese nation. Under this notion, we write this series of books on the Population of China's Minorities to provide a detailed picture of our Chinese nation, with the glorious past and prosperous present of the country's minorities.

It is through trials and tribulations that we write this spectacular series of books. Most of the authors, who have profound knowledge of the minorities and wrote the books with their strong emotions, are members of minority groups. With the great support of the National Publication Foundation, the National Population and Family Planning Commission and China Population Publishing House, the authors completed the books after years of unremitting endeavor.

On the publication of this series of books, we are looking forward to seeing these books contribute to the unity of the Chinese nation and help our country flourish in the future.

Zhenwu Zhai

Beijing

May 2012

目录

Contents

第一章

起源和变迁

也许你并不熟悉保安族，但你应该听过闻名遐迩的保安腰刀吧。在甘肃与青海两个省交界的地方，横亘着绵延雄伟的积石山脉，据说这儿就是大禹导河治水的源头。奔腾汹涌的黄河水冲出积石峡蜿蜒流淌，在积石山东麓形成了一块美丽的地方，这里就是勤劳勇敢的保安族人民的家。保安族自称“保安人”，历史上被称为“保安回”或“回回”。新中国成立后经民族识别，于 1952 年 3 月 25 日经国家政务院批准，正式命名为保安族。

图 1　积石雄关（拍摄　丁生智）

第一节　积石山下黄河岸边的民族

一、从中亚走来的色目人

关于保安族的族源有很多传说。有的认为保安族是一部分蒙古人和当地藏族、土族、回族融合而成，有的以宗教信仰为依据认为保安族是四川或临夏的回族在青海同仁发展演化成的。而比较科学可信的说法应是从中亚走来的色目人。这一观点，保安族学者马世仁先生归纳为“一主多元”，“一主”即保安族的先民的主体是信仰伊斯兰教的中亚色目人；“多元”即回、土、藏、汉、蒙古等民族成分，在长期的迁徙、生活、交往过程中融入到保安族中，成为保安族族源的“多元”成分。这一观点有历史记载和口碑资料为证，另外也符合保安族宗教信仰、语言特点、人种特点、生活习俗和本民族的意愿。所以我们说保安族就是元朝以来一批信仰伊斯兰教的中亚色目人，在青海同仁地区戍边屯垦，同当地的回、土、藏、汉、蒙古等民族长期交往，自然融合，逐步形成的一个民族。

13 世纪初，成吉思汗统一了大漠南北蒙古诸部落，军事实力空前强大，随后发动了大规模的西征。他的西征铁蹄穿越里海，一直到了黑海，在与中亚诸国的战争中，他将大批俘虏编入“探马赤军”，同时掳掠大量的工匠随军服役或押往后方进行生产。这些人包括回回、哈剌鲁、康里、阿儿浑、撒尔塔、阿速等多种人，其中的大部分人信仰伊斯兰教，通称为“色目人”（意为各色名目）。1225 年，成吉思汗由中亚回归蒙古，这批信仰伊斯兰教的色目人也被遣发东来，随蒙古军队进入和留牧西北等地。1227 年，蒙古灭西夏后，占领了积石州、河州、西宁等州，包括同仁在内的河州地区成为蒙古军队重要的军事据点。1247 年，西藏萨班会见蒙古皇子阔端后，蒙古军在西藏地区的往

来也随之频繁，同仁一带成了兵家过往的交通要道。1251 年蒙哥继汗位后，为了进一步控制西北、西南地区，进逼中原，次年命忽必烈举兵南征大理。忽必烈率军进入临洮一带，河州等地成为蒙古军队重镇。1630 年，蒙古和硕特部领主顾实汗因哈顿忽刺的威胁，离开新疆，进据青海全境，同仁保安地区既为重要的边卡，又成为沟通内地与西域贸易的据点。而蒙古军队和蒙古军中信仰伊斯兰教的中亚色目人组成的“探马赤军”和“各色技术营”则驻扎在隆务河畔，他们“上马则备战斗，下马则屯聚牧养”，亦兵亦农，屯田戍守，被称为“守边防番”的“营伍人”。1259 年，元世祖忽必烈统一全国后，大规模征战结束，元世祖后期将“探马赤军”编入民籍，成为民户，允许他们娶妻生子，成家立业。这些蒙古军中一部分来自中亚的信仰伊斯兰教的色目人便成为保安族的先民。

二、因城命名的民族

保安族是一个因战争而产生、发展、形成的民族。他们的先民因战争从遥远的中亚被掳掠到中国，并在“亦兵亦农，屯田戍守”中不断融合发展，最终成为一个独立的民族。保安族的形成大致经历了三个阶段，即萌芽期、形成期和稳定发展期。

从 1219 年成吉思汗开始西征到 1368 年元朝灭亡的一百四十多年间，是保安族形成的萌芽期。蒙古人在西征的过程中，俘获掳掠了大批中亚人，他们被编为“探马赤军”和“各色技术营”随军征战。元世祖忽必烈统一全国后，他们驻扎在隆务河畔，在同仁地区设置保安站，成为河州到贵德的“纳邻七站”之一。元世祖后期将“探马赤军”和“各色技术营”的人编入民籍，允许他们娶妻生子，成家立业，成为民户。元朝在全国除实行行省制外，还对蒙古诸王进行分封。至元九年（1272 年），元世祖封皇子忙哥剌为第一代安西王，管辖今陕西、甘肃、宁夏等省（区）的部分地区。蒙古军、探马赤军遍布他的辖区，包括同仁在内的河州地区是他的屯兵重地。至元十七年（1280年），忙哥剌死，其子阿难答袭安西王位。阿难答自幼被一位穆斯林抚养，遂皈依伊斯兰教，承袭王位后在其领地和所辖蒙古军中广泛传播伊斯兰教。据《多桑蒙古史》记载，其“所部士卒十五万人，闻从而信者居其大半”。大量的蒙古人改信伊斯兰教，这种信仰上的一致性，密切了蒙古人与原来从中亚诸国来的色目人的关系，也影响了同仁地区的部分藏、土、汉族人，从而促进了同仁地区保安族的形成。

明代是保安族的形成期。明朝建立后，为了巩固边防，洪武四年（1371年）设河州卫，改原积石州为积石千户所，改原贵德州必里万户府为必里千户所。成化十年（1474年）又设河州以治民，隶属临洮府。明中叶后，东蒙古迁入西海，史称西蒙古，并控明朝保安城以南的捏工、莽剌二川，这里也是明朝与西蒙古争夺的前沿。鉴于此，明朝于万历二年（1574年）在铁城山北麓易地扩建城堡，建成保安城，内设守备，专司操守，设“保安营”，置都指挥管理同仁12族。称保安堡，也称保安站，取意边防“保安”，表达了统治者希望边防平安的政治意图。明万历年间所立的《王廷仪纪功碑》中写到，保安“东通边都，西接归德，南邻捏工、莽剌，北抵果木、黄河”，控扼交通孔道，明朝筑此城的用意可想而知。当时，来自中亚的信仰伊斯兰教的原色目人的后裔和其他信仰伊斯兰教的居民居住在保安城、撒尔塔大庄、尕撒尔等地。明朝实行移民实边政策，从内地征调大批回、汉族军士到同仁屯戍边防。2001年三秦出版社出版的《同仁县志》记载：“明朝随着屯田实边政策的推进，一部分回回民族和信仰伊斯兰教的少数民族迁徙到同仁县垦荒种地，戍守地方。当时贵德守御千户所的十屯中今同仁县境内有四屯，保安四屯中当初就有回回民族。保安四屯开屯之初，有来自四川保宁府、陕西、宁夏、甘肃河州、青海民和、

循化等地的回民，如回回八十家、回回四色哇和信仰伊斯兰教的其他少数民族。”不断地移民实边，使同仁地区的民族结构发生变化，既有原色目人后裔、蒙古族，又有回族、藏族、土族、汉族等。其中一批信仰伊斯兰教的色目人，与回、土、藏、汉、蒙古等民族长期交往，自然融合，大致在明朝中叶，形成一个有共同语言、共同地域、共同经济生活和表现于共同文化上的共同心理素质的民族共同体——保安族。明嘉靖年间，巡按陕西的御史张雨在《边政考》中记载有“保安站族”，《同仁县志》记载，“明嘉靖十六年（1547年）统计……保安站族，男妇一千多口”，说明了保安族这个民族共同体已经形成，并以居住地名称作为民族名称。

图2　保安古城复原图（拍摄　丁生智）

明朝中叶后到清朝，是保安族在同仁地区繁衍生息，不断发展的时期。清初同仁地区建制仍依明制。顺治十三年（1656年），保安堡有守备一员，带领四寨子土把总及土兵驻防。雍正二年（1724年），年羹尧借平定罗卜藏丹津事件，提请革除保安土兵。雍正六年(1728年)，陕西总督岳钟琪提请派兵进剿保安四屯。雍正七年（1729年），岳钟琪派兵进剿，清兵生擒保安土把总王喇布坦，遂革除保安土兵，守兵改由内地招募。雍正八年（1730 年）始设循化营，保安堡属之，兵士由内地招募，初守兵 120 名，后增至 500 名，其中包括从陕西、河州等地招募的信仰穆斯林教兵士，这些人大多融入保安族。乾隆二十七年（1762 年）设循化厅，同仁地区辖之，其后保安堡驻都司，有都司衙门，不断有内地兵丁驻防。1929 年青海建省后，置同仁县，县治在保安城，1930 年迁往隆务镇。

由于地理位置重要，明永乐九年（1411 年），在同仁地区设置了吴、季、李、脱四屯（后也叫四寨子），吴屯在今同仁县隆务镇吴屯村；脱屯包括当时的保安城、撒尔塔大庄、下庄，今属同仁县保安镇；李屯包括上李屯郭麻日和下李屯尕撒尔，今分别为同仁县年都乎乡郭麻日村和尕撒尔村；季屯在年都乎，即今同仁县年都乎乡政府驻地。到明末清初，这里形成了一个多民族大杂居的格局。在保安城内居住着保安、回、汉等民族，多为历代“守边防番”的“营伍人”和他们的后代。城外有上、下两庄，上庄的撒尔塔大庄（下庄村以南）住着保安族，称“四坊头”或“四坊马家”（意为下庄的四个马姓家族）；下庄住着土族，称为“五坊头”。尕撒尔住有保安、土等民族。年都乎主要居住着土族，也有少数保安、汉、撒拉等民族杂居。在吴屯铁匠城、郭麻日、黄乃亥琼吾拉卡也有保安族居住。保安族居住的四周邻庄均为藏族、土族部落，称为“同仁十二族”。据记载，清初保安族已发展到 1000 多户。

三、颠沛流离的跨省东迁之路

青海同仁的隆务河畔既是保安族的发祥地，又是他们繁衍生息的美丽富饶的故土。在那儿，保安族的先民与当地的回、土、藏、汉、蒙古等民族长期交往，自然融合，形成了一个新的民族，也共同开发、

创造了这一地区的灿烂文化和历史文明。当时，保安人主要居住在保安城、撒尔塔大庄、尕撒尔，在年都乎、吴屯铁匠城、郭麻日、黄乃亥琼吾拉卡也有保安人居住。19世纪中叶，保安人挥泪告别了他们繁衍生息的故土，举族迈上充满凄风苦雨、颠沛流离的迢迢东迁之路。

保安人迁徙的原因很复杂，主要有宗教矛盾、民族矛盾和经济矛盾。这个时期，藏传佛教和伊斯兰教在同仁地区空前发展，各教争夺教民，争夺地盘，导致不同信仰的教民间的摩擦，酿成了大规模的冲突，为信仰伊斯兰教的保安族和信仰佛教的藏族之间结下了仇怨。经济矛盾是保安人被迫迁徙的另一个原因。因灌溉用水等问题，不同信仰的居民之间经常发生冲突，民族间纠纷、械斗和流血事件不断发生。而清朝统治者对少数民族往往持歧视态度，采取“以夷制夷”的政策，在当地矛盾发展恶化的过程中，清政府未能妥善处理，致使冲突不断升级，乃至造成了保安族被迫整体迁徙的结果。

1864年（清同治三年），保安族和藏族间发生的冲突和械斗直接导致了保安族的被迫东迁。据《保安族简史》记载，冲突发生后，藏民动兵，声称要杀尽保安人。其中与保安族友好的藏族部落的头人，传讯给保安人，保安人对抗不了，决定迁徙。保安人准备迁徙之际，一天黑夜，藏兵包围袭击了保安城和撒尔塔大庄。由于事出无备，保安人来不及组织自卫，部分人惨遭杀害或被俘，部分人从城北水洞出逃，投奔关系比较友好的藏族浪加部落所居的东山。藏族浪加部落护送他们翻过多曼尔山，到达朵楞口以东，从此流落至循化街子一带。居住在隆务河西岸尕撒尔的保安人听到保安城、撒尔塔大庄的保安人被迫迁走的消息，也感到势孤力单，难以继续居住和生活，于是在其头人马亚拉等率领下，由土族哈仑那卡部落护送到循化街子一带。

保安族人迁徙到循化后，得到了同是信仰伊斯兰教的撒拉族人民的同情和帮助，将他们分别安置在当地群众家中。但这里人多地少，生活艰难，在居住了三年后，保安人不得不再次东迁。经与邻近积石关内甘肃大河家的回族头人联系后，沿黄河南岸穿过积石峡谷，进入关内大河家，分别被安置在大墩、甘河滩、梅坡、乩藏麻坝、旧城、甘藏沟等地。一段时间后在乩藏麻坝、旧城、甘藏沟等地的保安人又迁到刘集高赵家、李家和柳沟尕集、斜套等村庄定居下来。至此，他们才结束了艰难的流动迁徙生活，有了新的稳定的家园，结束了凄风苦雨的迁徙和漂泊生活。

保安人的艰难迁徙也被记载在他们的民间文学形式花儿中，在保安人民中广为传唱：

天上的星宿星对星，脚户哥看下的三星；
保安城扎的是营武人，连敫面吃下的艰辛。
……
保安城哈围严了，四城门没处达过了。
……
天下的黄河往东淌，积石峡，
落下了一对凤凰；你我哈盼来我你哈想，
大河家，它是个落脚的地方。
一绺儿山来两绺儿山，三绺儿山，
保安人来到黄河岸边……

四、优美险要的居住环境

保安族人民生活的积石山县是一块壮丽而迷人的土地，既有雄伟险要的高山和峡谷，又有风景秀丽的草坪草原。积石山县的主要山脉是小积石山，其最高山峰为雷帝山，海拔 4309 米，其他山峰依次为葱花岭、拉锯山、尕尖山、五台山、拉扎山、青石山、桦林山、石榴山等。小积石山是全县群山的总枢，它横亘西南，而其他山丘却纵向沿

伸到黄河谷地。如果说小积石山像一把木梳脊，那么全县其他山丘就是梳齿，而梳齿空隙就是全县大小河流。登高鸟瞰，全县十六条山梁，像十六条巨龙俯首黄河饮水，气象十分壮观，极富阳刚之美。黄河在积石山中穿行，形成了大墩峡、崔家峡、樊家峡、五台峡、大峡、吊水峡等峡谷，幽深险峻，鸟语花香，神奇迷人。

图3　雄伟的积石山（拍摄　丁生智）

流连忘返吊水峡　依偎于积石山怀抱中的吊水峡是一处别具魅力的山水名胜，它南依巍峨高耸的雷帝山，峡口外是广阔而美丽的响水坪草原，西面依次是积石民俗村、黄草坪草原、盖新坪森林公园，与积石山县城只有9公里。吊水峡是一条美丽而神奇的峡谷。行进于峡谷中，山势险峻，奇峰突兀，你肯定会感叹大自然的鬼斧神工所造就的奇丽景观。谷中草盛林密，翠山如黛，山花烂漫，风光旖旎。丰富的动植物资源也会令你大开眼界，有飞翔的小鸟、鸣叫的山鸡、飞奔的野兔，你若翻起溪边的石头，有时还会看到民间叫“娃娃鱼”的山鲵。还有名贵的药材，种类繁多，据说山岗上有冬虫夏草。峡谷中大多时候薄雾缭绕，从谷底仰望，山峰直插霄汉，白云在山腰飘动，使峡谷有了一层神秘的色彩。而吊水峡之美更在于水。有清澈见底的小溪，水色纯净透亮，玉一般晶莹；更有浪花飞溅，叮咚有声，形态各异的瀑布。最大的一处瀑布离峡口只有几百米，这里危峰突兀，怪石嶙峋，峭壁上青松倒挂，古藤缠绕，吊水峡水流到这里，从十多米高的峭壁直泻而下，似天空陡展一条白练，在蓝天、青山的映衬下别具风韵，美丽极了。徜徉于神奇、美丽的峡谷中，饱览大山的壮美、幽峡的深邃、青山秀水的丽姿、飞瀑的神韵，有时还能欣赏到牧人高亢而优美的“花儿”，你一定会醉情于这块山水，流连忘返。

图 4 吊水峡瀑布（拍摄 丁生智）

碧草如茵响水坪 风景如画的响水坪位于雷帝山脚下，吊水峡谷口，是积石山县最大的草原。它与积石民俗村、黄草坪、盖新坪等景区连成一线，形成一条神奇而迷人的风景带。它风韵天成，魅力四射。秋天，五彩斑斓，羊肥牛壮，一片绚丽秋韵；冬天，白雪皑皑，银装素裹，一派壮美北国风光；而最美，最诱人的莫过于它的夏日了。夏日的响水坪像一块碧绿的嵌花地毯铺在积石山东麓，绿草如茵，山花烂漫。岗峦苍翠起伏，像大海涌起的波浪。漫山遍野的野花一朵朵、一丛

丛，色彩缤纷，芳香四溢，蝶飞蜂舞。一群群牛羊在广阔的草原上悠闲地啃着青草，牧人的帐篷或小木屋星星点点分布在小山岗上，高亢悠扬而带几分粗犷的“花儿”声时而在旷野中随风飘荡。响水坪不仅是因为吊水峡、杨家峡的两条溪水从西到东从这片草地流过，发出清纯的“哗哗”声，更在于从这里可以听到吊水峡瀑布凌空而下，直泻谷底的轰鸣声。响水坪，也称“香水坪”，两个名字都很精当。小积石山有丰富的包括芳香植物和中药材的植物资源，雪融水和溪水流过，肯定“近芳者香”了，更何况这里水草丰美，野花遍野，芳香四溢了。

响水坪还有一道风景是在别的草原上很难领略到的，这就是神奇的石头了。在辽阔的草原上，或独石成景，或群石组合，大自然的神工鬼斧造就了一件件杰作，它们诡异神秘，妙趣横生，艺术地装饰这片美丽的草地。牛、羊穿行其间，若不近前细看，分不清是石头还是牛羊，给人以无尽的想象和美感。

图 5　黄草坪（拍摄　丁生智）

第二节　沧桑岁月凝练民族意志

一、历史上的反压迫反外侵斗争

保安族是在不断斗争和民族融合中成长起来的民族，纵观其历史，保安族是一个有着保家卫国、反抗压迫剥削的光荣传统和斗争精神的民族。在新中国成立前的艰难发展岁月里，保安族人民受尽了封建统治者、国民党政府、地方军阀和地方头人的残酷剥削和压迫，政治上毫无权利，生活极端困苦。但充满阳刚血性的保安族人民没有屈服，为了生存，为了争得自己民族的立身之地，他们以各种形式进行了一次又一次不屈不挠的斗争。

在青海同仁地区居住的时候，由于受不了当地官府、封建部落头人、隆务寺宗教上层等政治上的压迫、经济上的敲诈勒索和宗教信仰上的歧视，处于弱势的保安族人宁肯经受颠沛流离之苦，也不愿意屈服，为了民族生存而远离故土，踏上充满凄风苦雨的举族东迁之路。定居到今甘肃积石山县后，为了生存，保安族人民同各族人民一道，与统治者和反动势力进行了无数次可歌可泣的斗争。保安族人民先后参加了清同治年间在河州爆发的反清斗争；清光绪二十年（1894 年），在循化爆发的反清斗争；民国十七年（1928 年），参加了马仲英率领的反抗国民军的斗争；1934 年，参加了甘肃南部地区爆发的由十多万各族农民参加的反抗国民党反动派的“甘南”起义。

另外，为了中华民族的尊严和国家领土完整，保安族的优秀儿女参加了抗御八国联军和日本侵略者的战斗，血洒疆场，表现出了可贵的献身精神。1900 年，八国联军入侵中国，激起了全国人民的反抗。有保安族参加的由董福祥、马福禄等率领的“甘军”奉调开赴京津前

线，共同抵御八国联军的侵略。先后在河北廊坊、北京正阳门等地区，与装备精良的侵略军浴血奋战，给侵略军以沉重打击。在抗日战争时期，也有几十位保安族子弟参加了抗击日寇的战斗。其中有马世恭、马占元、马沙巴、韩国才等许多保安族优秀青年，他们在各抗日战场奋勇杀敌，有的英勇善战，被晋级嘉奖；有的捐躯沙场，埋骨异乡，为保卫祖国贡献了自己的力量和宝贵的生命。

二、走南闯北的保安商人

保安族主要从事农业，兼营畜牧业和手工业，商业也是其重要的经济活动。在过去的沧桑岁月里，保安族商人用自己的聪明智慧和甘于吃苦的精神，走南闯北，甚至跨出国门，艰难地进行商业贸易，养家糊口。在国内和印度、尼泊尔、日本等国家，都留下了保安族商人的足迹。虽然其中饱尝艰辛，但在保安族的商业史上留下了值得书写的一笔。

居住在青海同仁时，保安人在从事农业、畜牧业和手工业的同时，经营小本生意或利用农闲时间跑短途商品贩运，除资本较大的几家富户既经商又高利贷外，大多数人的商业资本仅有几百元。他们从河州、循化或隆务集市等地购得一些盐、茶、烟、糖、蔬菜或壶、碗、布匹等，用马、骡、驴、牛驮到藏区，换回一些酥油、皮毛等畜产品，来往辛苦，本小利微。这些收入只能满足保安人生产和生活的部分需要，对总的经济生活起不了多大作用。清朝后期，同仁保安地方随着保安站、堡等行政建制的加强与扩大，成为一条通往西宁和内地的交通要道，贸易往来不断增强，逐渐形成一个商业贸易区。“番”、“回”商贾达到百余家，其中就有一部分保安族商人，保安族商业贸易得到了一些发展。

保安人定居到今甘肃积石山县后到新中国成立前，保安族商人以商业资本的多少和商业来往区间大概可分为“短脚客”、“松潘客”、“鞑子客”、“藏客”与“印度客”等几种类型。“短脚客”是大多数本钱少的保安族商人的行商方式。他们利用农闲时节行商，用肩挑或用牲畜驮，来往于较近的城镇之间，用从河州等地购买的生产生活用品，到夏河等地销售，并就地买或换回羊毛、皮张、酥油、羊等，返回后在集市上出售。“松潘客”因商人主要来往于甘肃、青海至四川阿坝和松潘等地而得名。“鞑子客”，主要从河州采购牧区日用品，贩运到青海柴达木盆地的蒙古族牧区交易，故称“鞑子客”。他们的本钱比较少，一般只有二三百元银元，最多超不过一千元银元。“藏客”与“印度客”，是保安族中最有实力和最有名的商人，因主要到藏区和印度经商，故称“藏客”或“印度客”。这些商人主要来往于青海、西藏和印度之间。他们本钱大，实力较雄厚，大多与地方势力和藏区头人有联系，但路途遥远，往返时间长，风餐露宿，危险性大，十分艰辛。

保安族商人在半殖民半封建社会，在封建军阀、地主、官僚、宗教上层统治的夹缝中，在交通和运输条件非常落后的时代，走南闯北，有的还跨出国门，成功地进行商贸活动，这不能不说是一个奇迹。他们不仅赚了钱，增加了自己的经济收入，还开阔了视野，增长了见识，带来了外面的信息和思想，加强了与外界的交流，也对促进保安族和聚居地的商贸发展和社会进步起到了积极作用。

三、协助解放军解放积石山

1949年8月，中国人民解放军第一野战军胜利挺进大西北。8月4日，第一兵团司令员王震将军率领近十万大军，发起兰州战役的左翼进攻。解放军势如破竹，连克康乐、广河、和政，于8月22日解放了临夏。8月27日，积石山全境解放，王震大军进驻保安族聚居的大河家，这

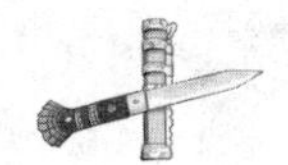

一天成为保安族人民永远不能忘怀的日子。在已向解放军投诚的大河家进步地方绅士马全钦的组织下，从肖红坪、刘集到大河家，包括保安族在内的积石山各族群众和学校师生沿途燃放鞭炮，夹道热烈欢迎；各村的保安族等各民族代表，怀着喜悦的心情，牵着角上挂着红绸的牛羊，热情慰问解放军。

人民解放军进驻大河家后，立即进行渡河的准备工作。附近群众也积极行动起来，帮助部队筹备粮草，加工面粉，征集骡马大车，组织水手。在马全钦的组织下，大河家、尕周家两处渡口的“船头”马七十五和常乙思麻二人，发动各民族水手百余名，收集牛皮胎 120 多条，连夜扎成牛皮筏子 22 个，并发动沿岸群众，从离渡口十多里的地方，找到了被马家军砸坏冲走的一条木船，组织木工连夜修复后，逆水拖到大河家渡口，做好了渡河的准备工作。

8 月 28 日，在古老的临津渡口，抢渡黄河的战斗开始了。雨季的黄河水势迅猛，惊涛拍岸。英勇的解放军指战员和刚刚获得解放的保安族等各族水手们，同心协力，紧密配合，人人意气风发，个个斗志昂扬。水手们紧握桨杆，驾着满载战士的皮筏，驶入滔滔黄河，冲开惊涛骇浪，安全划向对岸。木船上，战士配合水手，把一船船军用物

图 6　临津古渡（拍摄　丁生智）

资送过河去；河面上，船来筏往，好一派紧张而繁忙的景象。然而，仅靠一只木船和二十几个牛皮筏，要把六十二军指战员和武器、战马等送渡过河，时间是个严重问题。为此，军民紧密合作，不断改进渡河方式，附近会凫水的群众，也主动背着自己的山羊皮胎，纷纷支援大军渡河。他们有的爬上皮胎，泅水把战马一批一批地赶过河去；有的把军用物资装入皮胎，泅水送到对岸；有的骑在马背上或坠在马尾上，把一群群战马送渡对岸。由于军民团结奋战，经过三天三夜的紧张抢渡，人民解放军近 10 万大军胜利抢渡黄河，挥戈西进，挺进青海、新疆。当地老百姓自豪地说："羊皮筏子当军舰，渡过大军十几万。"包括保安族在内的英雄的临夏各族人民，用古老的皮筏，帮助人民解放军胜利抢渡黄河天堑，创造了皮筏子摆渡运输史上的一大奇迹，也谱写了一曲军民团结、亲如鱼水、并肩战斗，共同致力于全民族解放的凯歌。

四、保安族的仁人志士

在保安族的发展历史上涌现出了一大批仁人志士，有英勇为国的志士，也有为民族发展壮大默默奉献的仁人。新中国成立后，这个只有 1 万多人口的民族先后产生了 9 名全国人大代表，3 名全国政协委员，十多名地级领导干部，一批取得骄人成就的优秀学者。

剿匪英烈马六十三 马六十三，积石山县乩藏镇甘藏沟人。1949 年 9 月，他不顾当地反动势力的恫吓，毅然参加民兵组织，配合解放军剿匪。由于表现勇敢，参加民兵不久就被任命为副分队长，后又升为中队长。民兵分队组建不久，马六十三和马一奴四到邻村执行任务时，遭到以马八娃为首的一伙土匪的袭击，因寡不敌众，两人不幸被俘。马八娃为了拉他入伙，许给他副队长的职位，他毫不动心。土匪对他严刑拷打，并当面杀死马一奴四，逼他屈从，但他大义凛然，面无惧

色，痛斥土匪暴行。后被解放军救出，伤势未愈，又积极投入了剿匪战斗。1950 年 3 月，甘藏沟民兵在马六十三的带领和影响下，参加大小战斗 12 次，有效地保卫了当地人民生命财产的安全。1950 年 5 月的一天深夜，马六十三得知土匪杨尕东、马开麻里、马洒里黑等闯入龙川沟群众家中抢劫，他急忙带领 7 名民兵赶去解救。在战斗中，马六十三身中数弹，壮烈牺牲，时年仅 26 岁。为纪念马六十三这位保安族青年民兵宁死不屈的可贵精神，临夏县政府追认他为革命烈士。

倾心教育马世恭 马世恭（1922.8～2000.6），积石山县刘集乡高李村人，是保安族中最早的知识分子之一，也是保安族的第一位全国政协委员。先后在青海昆仑中学、四川北碚复旦大学新闻系、贵州独山黄埔军校学习。参加了独山战役。1949 年后，被调任官佐训练班中校大队长，率学生到西宁。1949 年 9 月，解放军进入青海，他利用自己的特殊身份，说服、劝解、策动八十二军参谋长马文鼎率残部于 9 月 2 日投诚，为青海和平解放作出了贡献。新中国成立后到刘集小学任教，这位饱经沧桑的知识分子才迎来了他事业的春天。他每天起早贪黑，除了吃饭睡觉之外就是上课、批改作业、准备教案，全身心投入到他热爱的教育事业中。由于工作出色，被授予“三十年教龄老教师荣誉称号”，并颁发了“粉尘染就两鬓霜，心血育成四化才”牌匾。被选为第七、第八届全国政协委员。他认真履行一个人民政协委员的职责，为家乡人民的幸福，为全县经济社会的发展进步，参政议政，建言献策。他先后提交了大河家黄河大桥、临大公路、“三滩”治理、电站建设等项目提案，得到有关部门和领导的重视。如今这些项目都已建设完成，发挥着促一方经济发展的效益。

腰刀名匠马麦素 马麦素（1918～2001 年），积石山县大河家镇甘河滩人。马麦素 16 岁时，拜舅父、保安族刀匠马木洒为师，学习制刀工艺。他勤奋、能吃苦、肯动脑子，在其舅父的精心传授、指导下，经过三年的苦学，掌握了打坯成型、加钢淬火、打磨装饰等制刀技术。19 岁时独立门户，开始了他艰辛、漫长的制刀生涯。新中国成立后，他在家中设腰刀作坊，制作腰刀。马麦素在继承保安族先辈优秀传统的基础上，借鉴别的民族刀具的款式、工艺和装饰技术，并根据社会需求和人们的喜好，不断地琢磨、创新，创制出宝剑刀、哈萨克刀、什样锦、铁扁鞘等保安腰刀新品种。特别是"什样锦"单、双刀已成为保安腰刀中的精品，享有盛誉。他制作的腰刀工艺精良，深得淬火技术要领，刀锋锐利，柔中带刚，深得蒙古、藏、回等少数民族喜爱，为保安腰刀的发展作出了突出贡献。

花儿名家马红莲　马红莲（1966.12 至今），伊斯兰经名索菲亚，女，积石山县大河家镇周家村人，著名的"花儿"演唱家。先后在甘肃艺术学校声乐系、中央民族学院音乐舞蹈系学习。曾在甘肃省团省委青年宫工作，主持青年宫举办的文艺活动，并经常登台演唱，不懈地追求她挚爱的"花儿"演唱事业。她天生丽质，自幼有一副好嗓子，极具音乐天赋，童年的她已经成为当地一名小有名气的"花儿"歌手。多年的学习深造和不断实践，使她成为一名具有自己独特风格的专业歌唱演员。在中央民族学院学习期间，出版了个人演唱专辑《马五歌与尕豆妹》、《娇娇女》录音盒带，还在全国少数民族音乐大赛中，获得优秀歌手奖。2003 年 8 月，她应邀参加临夏回族自治州民族风情旅游观光节的演出，更激发了她对"花儿"的热情。之后，她与著名音乐制作人胡晓流合作，制作了专辑主打歌《花儿美》，同年完成了她的演唱专辑《红莲花儿美》CD 的录制，2004 年由中国唱片公司成都分公司录制并出版发行。这个专辑以现代人的审美情趣重新演绎了"花儿"的新境界，一经发行，立刻得到歌迷，特别是"花儿"迷的广泛喜爱和好评。

第三节　保安族密集的地理分布

一、积石山：大禹治水的源头

关于积石山的由来，有一个神奇的传说。在很久以前，万物在大地上欢腾着、生长着。突然，一声震耳欲聋的巨响，惊散了欢乐的人群和奔走的野兽，甘肃、青海交界处的一块天塌下来了。人们都惶惶不可终日，纷纷请求女娲神补天安地，拯救万民。女娲答应了人们的请求，将青蓝色的石头搬运到天塌陷处——甘肃临夏和青海循化的交界地方，开始炼石补天。经过七七四十九天，女娲补好天穹。补天剩下的大石头堆成一座又高又大的石山，这大山上堆积的石头跟天穹颜色一样，青蓝青蓝的，而且随着日出日落，不断地变化着深浅不同的色彩。后来，人们把这座大山就叫"积石山"。

积石山不仅与女娲有关，根据民间传说，更与治水英雄大禹息息相关。《尚书·禹贡》记载："导河积石，至于龙门，入于海。"传说，上古时期，巍峨高耸的积石山挡住了黄河滚滚的水流。每到雨季，沧海横流，江河无序，洪水泛滥，百姓遭殃。尧帝派大禹的父亲鲧治水。鲧采用筑堤堵水的办法，最终一事无成，被舜帝处死。舜又派鲧的儿子大禹继续治理洪水。大禹从灾害最大的黄河地段开始，循河而上，来到积石山，看到黄河被积石山所挡，咆哮而下，造成九州之内的灾害。于是，他决心劈开高耸的积石山，疏河导水。正在艰难开凿的时候，从黄河中跃出一匹龙马，背上背着《河图》，献给了大禹。获得《河图》后，大禹有了役使鬼神的能力，借助神力，他导河成功，很快治平了水患。至今，在积石山县还有禹王石和禹王庙等遗迹。

1980年，在积石山成立了甘肃省唯一的多民族自治县，即积石山保安族东乡族撒拉族自治县。全县总面积910平方公里，辖13个乡、四个镇，总人口22.47万人，有保安、东乡、撒拉、汉、回、土、藏、维吾尔、羌、蒙古十种民族，其中少数民族占总人口的51.9%，是全国唯一的保安族聚居地，保安族人口占全国保安族总人数的95%以上。境内属典型的大陆性季风气候，冬春干燥，夏秋湿润，年降水量467～734毫米。地势西南高、东北低，西南部为高寒阴湿山区，东北部为高寒干旱山区，海拔1735～4309米。

二、艰难辗转的定居

清同治三年（1864年），保安族人民离开他们繁衍生息的故土、发祥地和美丽富饶的家园——青海同仁，流落到循化。同治七年（1868年），循化发生大旱，保安人很难在那里继续生存下去，只好再次东迁到今甘肃积石山县。大约到清同治十一年（1872年）才完全定居下来，有了新的稳定的家园，结束了凄风苦雨的迁徙和漂泊生活。这个悲苦的历程长达八年。

举族东迁使保安人饱受了失去家园和颠沛流离之苦，也使这个本来就十分弱小的民族人口锐减，摧毁了本来就不发达的民族经济基础，而且对原居住地青海同仁地区的社会生产力造成极大的破坏。但从另一个方面说，这一灾难使保安人凝聚力空前增强，新居住地的周边大多是同一信仰的穆斯林民族，民族宗教纠纷大为减少，生存环境得到改善，社会生活也相对趋于稳定。新居住地生产力比原居住地发达，促进了保安族经济的相对较决发展。特别是传统的手工业有了较快的发展。主要是保安腰刀的工艺技术大为提高，品类增加，图案愈加精美。生产力的不断发展促进了商贸活动的发展和勃兴，形成了聚居地大河家和刘集两个集镇及邻近地区的区域性集市贸易中心。越

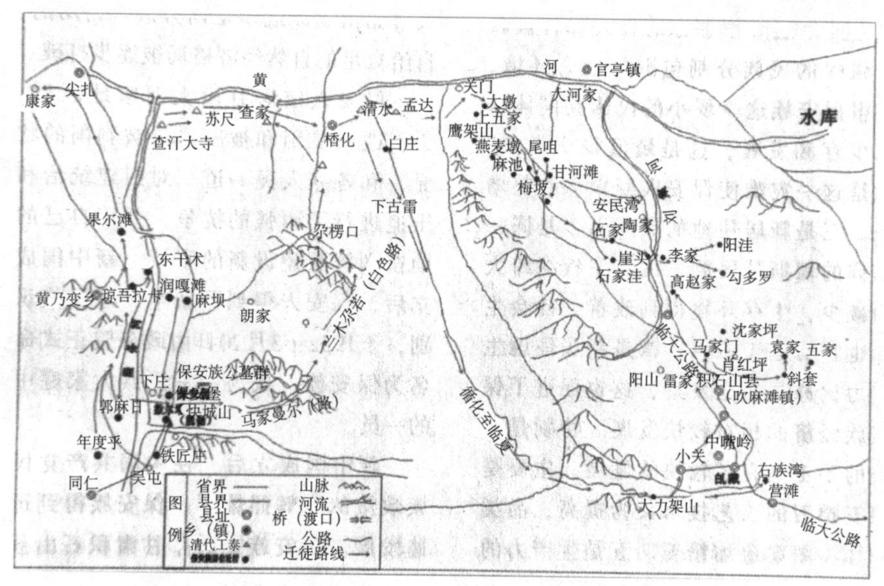

图 7　保安族迁徙路线图（拍摄　丁生智）

来越多的保安人开始走南闯北，甚至远走印度，从事商业贸易。保安人开始由封闭逐步走向开放。封闭的、自给自足的自然经济格局被逐步打破。

保安人定居甘肃大河家地区后，为了改变贫困和被压迫、被剥削的状况，和各族人民一起对封建统治和压迫进行了顽强的抗争，并用自己的勤奋和智慧建设新的家园。新中国成立后，保安人得到了新生，得到迅速发展。保安族定居今甘肃积石山县时人口不到 1000 人。新中国成立前的 1949 年，甘肃省的保安族也只有 4356 人。1959 年达到 5453 人。到 1982 年，据第三次全国人口普查统计，全国保安族人口 9027 人；甘肃省保安族达到 8322 人，占全国保安族总人口的 92.2%，比 1949 年增长 91.02%。其中 96.3%的聚居于积石山县。经过近30 年的发展，2010 年，根据第六次全国人口普查统计，全国有保安族人口 20074 人，甘肃省保安族人口达到 18170 人，比 1982 年增加9858 人；其中积石山县 16119 人，占全国保安族总人口的 80.3%。保安族人口得到大幅度增长。

三、远近闻名的“保安三庄”

“保安三庄”是保安族的聚居区。原来指青海省同仁县的保安城、下庄、尕撒尔三地，保安族的形成及其族称的产生，都与“保安三庄”这一地理名称密切相关。历史上，保安族居住于现在的青海省同仁县地区。相传明洪武年间，曾在同仁附近建立过保安堡，万历年间，修筑了保安城。清代又在此设置“保安营”。因此，当时同仁地区的保安、下庄、尕撒尔三地遂有“保安三庄”之称，住在三庄的人也被称为“保安人”。后来由于宗教冲突等原因，保安人被迫迁徙，几经辗转，最后进入甘肃，在积石山边临夏大河家、刘集一带定居下来，逐渐形成现今的保安三庄。

图 8　油菜花飘香（拍摄　丁生智）

现在的保安三庄指甘肃省积石山保安族东乡族撒拉族自治县的甘河滩、梅坡和大墩三地，在大河家镇之西的五六公里处，从南到北依次排列。新保安三庄是保安族人的主要聚居地，几乎所有的保安族人都生活或来自“保安三庄”。在甘河滩可以看见积石峡，积石峡虽说是

峡但却有广阔的峡谷，山峰退向远方，黄河在谷底流成了一条白线，缥缈而去。出甘河滩村南行约两公里就是梅坡。保安三庄中最大的清真寺就在梅坡。梅坡坐落在一处山坡下，整个村庄好像是倾斜着，而且街巷较多。清真寺是梅坡村的中心，所有的人都会来这里做礼拜，农闲的时候一天五次，农忙的时候一天三次，每逢星期五要做大礼拜。从梅坡向南越过一座山坡，走三四公里的路，就到了大墩。

图9　大墩村（拍摄　丁生智）

大墩有个“花儿王”叫马黑娃，让保安三庄美名天下扬。1979年，他曾代表保安族歌手出席“全国少数民族民间歌手、诗人座谈会”，演唱了花儿《保安令·“四化”的大路（哈）要走哩》，受到与会者好评。

四、“北斗星”状的人口分布

积石山县是保安族的聚居地，其人口主要分布在大河家镇的大墩、阴家山、上五家、梅坡、麻池沟、岔口、野麦墩、山庄、甘河滩、魏咀、佘周家，刘集乡的高赵家、李家、肖家、大庄、石家洼、安民湾、阳洼和柳沟乡的斜套、袁家等村庄，在乢藏、寨子沟、吹麻滩等乡镇也有分布。另外在甘肃的临夏市、兰州市、甘南藏族自治州以及新疆和青海西宁、同仁等地，也有零星分布。保安族人民聚居的20多个村庄在地图上呈现出北斗星状。

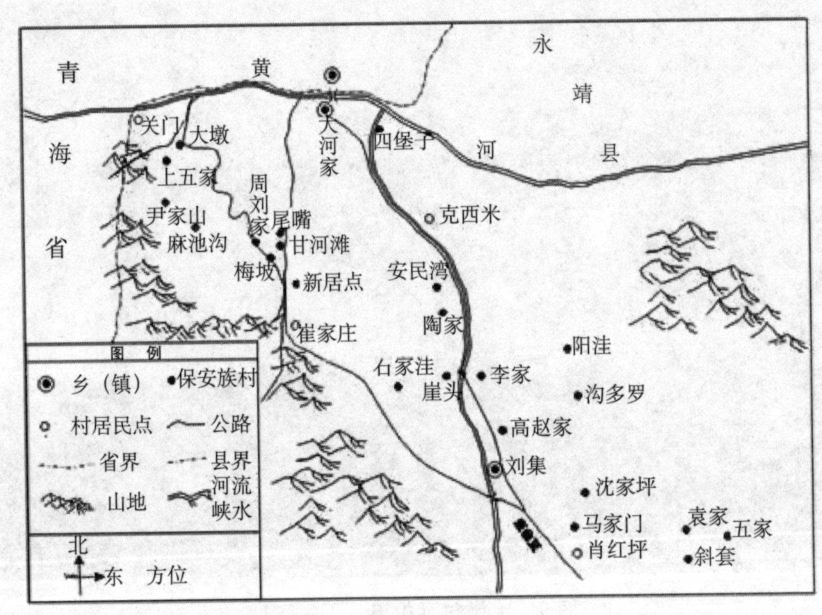

图10　积石山保安族东乡族撒拉族自治县保安族村庄分布示意图（拍摄　丁生智）

从历次人口普查的数据来看，保安族人口的分布呈现出三个明显的特点。一是人口分布高度集中。全国的保安族主要分布于积石山县，而又集中于大河家和刘集两个乡镇。在这两个乡镇中，根据第五次全国人口普查数据资料，甘河滩、梅坡、大墩三个村庄就有1030户，6896人，占保安族总人口的41.8%。第六次全国人口普查显示，保安三庄有1327户，7130人，占保安族总人口的39.2%。二是分布地区比较稳定。自东

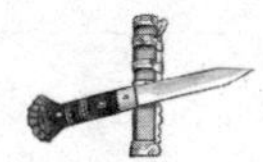

迁定居大河家、刘集等地后，就形成了长期稳定的聚居格局，新形成的聚居点不多，其余地区保安族散居人口数量增长不大。三是农村人口占绝大多数，城镇人口增长较慢。第六次全国人口普查显示，保安族城镇人口为2583人，占总人口的14.22%。这反映出保安族社会发展水平不高，现代化程度较低，农村人口和城镇人口比例不合理。

第二章

社会组织、生活与文化

第一节　全民信教的民族

保安族是我国十个全民信仰伊斯兰教的民族之一。保安族人民天生信仰伊斯兰教，伊斯兰教既是他们的宗教信仰，又是他们的生活方式。伊斯兰教在其民族的形成、发展过程中起着非常重要的作用，保安族文化具有鲜明的伊斯兰教文化特点。宗教不仅对保安族人民的社会心理和精神生活，而且对保安族的历史、政治、经济和文化各方面都产生过深刻的作用和影响。

一、保安族拱北与清真寺

清真寺和拱北是伊斯兰教建筑的主要形制。拱北是中国伊斯兰教先贤陵墓建筑的称谓，在中国内地主要指苏菲学派的传教师、各门宦的始祖、道祖、先贤等陵墓的建筑。拱北不但是教众纪念先贤的拜谒之地，也是传教、管理教坊、行教及举行重大宗教活动的中心场所。保安族聚居区的拱北主要有高赵家拱北和大墩拱北。

清真寺是传播伊斯兰教宗教思想的讲坛，是广大穆斯林群众进行

图 11　高赵家拱北（拍摄　丁生智）

宗教活动的场所，是穆斯林礼仪礼俗实践和规范的地方，同时，清真寺又是一所传播知识的学校。作为全民信仰伊斯兰教的保安族居民的居住地，清真寺是其生活的一部分，起到了不可替代的巨大作用。保安族地区最早的清真寺，见于记载的是清同治年间修建的大河家清真寺，该寺是保安族地区的中心寺，辖有 30 余座小寺。1980 年以后，保安族居住地区出现阿拉伯建筑风格的清真寺，其主要特征是寺内大殿顶设置的绿色穹顶。目前，保安族聚居区的清真寺主要有大河家清真大寺、文泉堂崖头清真寺、高赵家清真寺、李家清真寺、大墩清真寺、梅坡清真寺、甘河滩清真寺、肖家清真寺、斜套清真寺和袁家清真寺等。

保安族穆斯林除每日五种时辰（晨、晌、晡、昏、宵）礼拜外，七日（星期五正午）聚礼一次，一年两次（开斋节、古尔邦节）会拜，都在居住地附近之清真寺举行。除此之外，保安族群众遇有吉凶之事，要到清真寺请阿訇诵经，穆斯林也往往到清真寺交纳学粮课税，在清真寺完成念经、礼拜、斋戒、课施等各种活动，每日的五次礼拜，每日做一到五次的局部沐浴，很多是在清真寺进行的。

图 12　大河家清真寺（拍摄　丁生智）

二、门宦制度对生活的影响

门宦是清初伊斯兰教苏菲派思想传入中国后，在中国传统文化思想影响下产生的一种宗教制度，属于伊斯兰教中的神秘派，是苏菲派在中国的表现形式。掌管门宦宗教事务的教主的继承一般实行“世袭罔替”的制度。门宦制度始于河州，逐渐扩展到其他各地，有虎夫耶、哲赫忍耶、嘎的忍耶和库不忍耶四大门宦。保安族迁居到今甘肃积石山县后，在保安族聚居区形成了崖头门宦和高赵家门宦，保安族教民主要归属这两个门宦，也有部分保安族教民遵循老格底目和依黑瓦尼。

崖头门宦　是首个传于积石山县境内的门宦，它因传教人居住在今积石山县刘集乡崖头坪而得名。该门宦属于中国伊斯兰教苏菲派教义嘎的忍耶学派，教民除了保安族外，还有撒拉族、回族、东乡族等。

崖头门宦源于阿拉伯，经引辈的接传后，于 1860 年传入中国，第一个领接人是马文泉（1840～1882 年），道号穆罕默德・依不拉黑麦。

光绪八年（1882年），马文泉被清朝官府以“崇拜图像是邪教”为由逮捕杀害，终年42岁。马文泉生前将传教权传给了青海循化街子工的穆洒（道号阿卜都里·尕吉勒）。穆洒临终前将教权交给了韩胡个（道号阿卜都里·凡塔海），韩胡个从原籍青海循化，迁居到今积石山县刘集乡崖头坪。韩胡个在崖头继承教权后，融合了马文泉、穆洒等的教旨，以嘎的忍耶教义为主，吸取了各门宦的遵行，开始了他的传教生涯，创建并充实和发展了崖头门宦。至今，崖头门宦已传四代。崖头门宦主要信奉虎夫耶和嘎的忍耶的教义、教律，同时也吸取了别的门宦的内容。他们遵守严谨，对“天命”、“圣行”不得有丝毫违背，严格要求先干“舍勒阿提”，在这个前提下，再干“托勒盖提”，再后是“哈格盖提”。

图13　文泉堂崖头拱北（拍摄　丁生智）

高赵家门宦　这是保安族人创立的唯一一个门宦，因掌教人居住于今积石山县刘集乡高赵家村而得名。该门宦属于中国伊斯兰教苏菲主义嘎的忍耶学派。起源于兰州穆罕默德·伊布拉黑麦、循化阿卜都里尕吉日·穆洒所传嘎的忍耶教旨。创始人马伊海牙（1887～1929年），道号阿赞美里赞美，保安族，今积石山县刘集乡高赵家村人，于民国四年（1915 年）创立了高赵家门宦。

由于国民党军阀和地方势力的无理干涉与残酷迫害，高赵家门宦创立后走过了一段非常艰难的历程。马伊海牙传教时，大河家的地方势力不断进行排挤、无理干涉，欲迫使马伊海牙放弃高赵家门宦。但马伊海牙绝不放弃高赵家门宦，最终被以“聚众念经、勾结马仲英谋反”等莫须有的罪名枪杀。马伊海牙被害后，王阿卜都·热海穆成为高赵家门宦第二代传教人，不久，也因绝不放弃高赵家门宦被马步芳派兵杀害，年仅 32 岁。之后，王阿卜都·热海穆的姑母马桃花（道号艾有布崔尼）继任第三代掌教人，并按马伊海牙的授传进行传教，高赵家门宦所遭受的压力有所缓解。至今高赵家门宦已传六代。高赵家门宦在尊信《古兰经》、《圣训》等伊斯兰教经典，遵守五项天命“舍勒阿提”（教乘）的基础上，注重苦干“脱勒盖提”（道乘）和“哈格格提”（真乘）的修持功课。在现实生活中，启发教民在做好教门功德的同时，注重科学文化知识，发展民族教育，接受新事物，为社会进步和经济发展多作贡献，还十分重视民族与教派之间的团结与和睦。

第二节　丰富多彩的民族文化

一、缺失文字的保安语

保安语属阿尔泰语系蒙古语族，主要分布在甘肃省积石山保安族东乡族撒拉族自治县和临夏县。青海省同仁县保安城附近的下庄、尕撒尔等地，部分土族所使用的语言同保安语基本上一致。使用人口约 9000 人。保安语没有自己的文字，保安族的母语承载着其独特的文化个性和民族精神。

保安语是保安族的母语，但并非所有的保安族都使用保安语，使用保安语的也并非都是保安族。保安族一部分人使用保安语，一部分人使用汉语，现在使用保安语的绝大部分保安人也懂汉语。使用保安语的有保安族和一小部分土族。使用保安语的保安族主要居住在甘肃省积石山保安族东乡族撒拉族自治县大河家镇和刘集等乡镇的村庄，约占保安族人口的四分之三。

保安语与同一语族的蒙古语、东乡语、土族语以及达斡尔语有一定关系，是蒙古语族中具有个性的语言。保安语大致可以分为积石山方言和同仁方言。保安语的积石山方言，内部比较一致，差异小，保安族聚居的各村之间，只在个别语音上略有不同，且大都为彼此所熟知。保安语（以积石山方言为代表）其主要特征是：语音方面，存在着与中世纪蒙古语词首［h］相对应的［h］和［f］，词尾多保留有短元音。词首元音和词首音节脱落现象比较突出，音节末辅音或整个词中音节脱落的情况也很多，无元音和谐现象。在词汇方面，保安语还保留着中世纪蒙古语里曾经使用的一些古老的语词，而这些语词在现代蒙古词里已经不再使用，或仅在个别方言土语里继续使用着。保安语中汉语借词最多，借词范围十分广泛，包括日常用语、基本词汇、新词术语等，主要借自当地的汉语方言。保安语中还有一定数量的突厥语、波斯语和阿拉伯语借词，其中阿拉伯语借词多与宗教活动有关。

二、口承语言下的民间文学

保安族至今尚无本民族的文字，因而以汉语作为记录工具的书面文学形成起步都比较晚。但是，保安族以口耳相传的民间文学内容丰富、种类众多。保安族的民间文学类型可分为神话、传说、故事、歌谣、谚语等，内容主要与人类起源、自然地理的形成、民族的形成和发展以及扬善抑恶的道德观念等有关。在保安族的诸多民间文学类型中，民间故事内容丰富、形式多样，有较高的文学价值。保安族的民间故事反映了保安族过去的生存环境、民族的来源和历史、事迹、风俗等，表达了他们的愿望、理想、道德和价值观念，寓有丰富的哲理，是一个有语言而无文字民族的历史的文化沉积和投影。保安族的民间故事主要有神话、风物传说、机智人物与生活故事三类。

保安族的神话不多，主要有关于人类起源和治水英雄大禹到积石山开启石门疏通黄河水两个故事。风物传说是保安族民间故事的主要内容，有山川风物传说，主要是对保安族居住的地理环境形成的解释。如《积石山的来历》、《干河滩的传说》、《神马》等。

《神马》是保安人迁徙到甘肃大河家地区后流传的一个故事。整个传说以神马为线，以神话的色彩和幻想的手法讲述了保安族和保安三庄的来历。传说很久以前，崔家峡口有一眼神泉。每天太阳刚刚升起，彩霞满天的时候，就从泉眼里奔出一匹雪白的神马，它欢乐地奔跑在保安人居住的土地上。每当大旱的时候，神马张嘴长嘶三声，清清的泉水就从泉里哗哗流出，保安人就用它浇灌正盼水的庄稼。雨水过多的季节，神马就悄悄地把田里的雨水“咕咕”喝到肚里，积蓄起来。因此这里粮食装满仓，牛羊满山坡，花果四季香。保安人年年过着丰衣足食，幸福美满的日子。

可好日子并不长久，有个叫其其巷的贪婪的财主，日思夜想着如何把神马弄到自己手里，好发更大的财。他带上干粮，背上弓箭，偷偷藏在神泉旁边。可是，过了四十六天，还不见神马的影子，其其巷生气了。他拉开长弓，对准泉眼狠狠射了一箭。神马被射中，痛苦地大吼一声，冲出神泉，跑进了积石山中再也没回来。神马的吼声引来了怒涛滚滚的洪水，吞没了田园村庄和人畜。从这以后，美丽的山乡变成了一个乱石滚滚的石头滩，河里没有水，坡上没有草，地里不长庄稼。其其巷被神马的吼声惊死了，死后变成了老鼠，到处乱窜，打

洞躲藏，不敢见人。在这场毁灭性的灾祸中，只留下三个壮实的小伙子，他们翻山越岭，历经七七四十九天也没能找到那匹神马。在追寻神马的过程中，各娶回族、蒙古族、藏族姑娘在石滩上辛勤劳作，重建家园，子孙逐渐繁衍增多。很多年后，他们的子孙分别居住在三个村庄里，就是今天的保安三庄。

保安族的风物传说也有求雨祈福传说，表明保安族原居住地青海同仁地区和迁徙后的甘肃积石山一带时常遭受干旱之灾。主要作品有《妥勒尕尕上天取雨》、《五眼泉的传说》等。还有关于保安腰刀的传说，讲述了保安腰刀的由来及其创制过程，如《波日季的传说》。从前，保安人居住在一个美丽富饶的地方，人畜兴旺，五谷丰登，家家户户过着美满生活。可是有一年这里闹了灾，不是旱灾，也不是水灾，而是魔鬼在作怪。三天两头，庄子里就有一两个姑娘丢失。于是姑娘们吓得心惊肉跳，提心吊胆，连白天都不敢出来。人们再没心思去劳动，地荒了，牲口瘦了，生机勃勃的庄子变得死气沉沉。

有个打制腰刀的铁匠哈木克，是个血气方刚的小伙子，他决心降伏魔鬼。一天半夜，他手握腰刀进入魔鬼藏身的山洞，举刀向魔鬼头上砍去，但是，任凭他怎么砍也没伤着魔鬼。魔鬼照样奔向庄子而去。哈木克没能制伏魔鬼，整天无精打采，茶饭不思。有一天晚上，他梦见一位白胡子阿爷对他说："你的腰刀虽然出名，可是没有一把能制伏魔鬼。"哈木克急忙问："阿爷，快告诉我，什么腰刀才能制伏魔鬼？"阿爷说："这种刀叫'波日季'，对面山上有个天池，天池西边有棵老树，你就照树的叶子打一把腰刀，在刀身上凿上树叶的图案。"梦醒后，哈木克按照阿爷说的，打好了波日季腰刀，并用它杀死了魔鬼，救出了被魔鬼抓去的姑娘。很快，庄子又兴旺起来。为了纪念哈木克的功劳，至今人们仍保留着波日季刀原来的式样，世代流传下来。

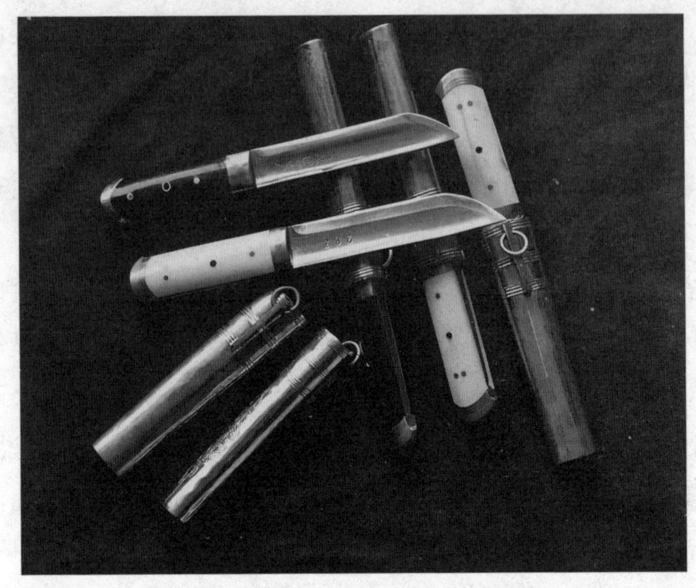

图 14　波日季腰刀（拍摄　丁生智）

机智人物和生活故事也是保安族民间故事的重要形式。他塑造了栩栩如生的不同职业、不同性别和不同年龄的机智人物形象，反映了比较丰富的社会生活，富有浓厚的生活气息，反映了保安族人民的智慧和价值观念。主要作品有《哈比卜的故事》、《“舒坦”的故事》、《木匠和他的妻子》、《聪明的蜂蜜匠》等。《木匠和他的妻子》讲述的是，一个横行乡里的财主，看上了一个木匠的妻子，为了霸占她，财主想出了一条恶毒的诡计，让木匠给他死去的父亲在天上修一座宫殿。聪明的木匠妻子将计就计，想出了对付的办法，最后财主被大火烧死，自取灭亡。这个聪明的妻子帮助丈夫智斗恶霸的故事，表现了保安族妇女的聪明和智慧。

三、保安“花儿”：浪漫爱情的使者

保安族绝大多数人能唱民歌，其中最为保安族人民喜闻乐见的，是一种称作“花儿”的民歌。“花儿”是保安族独具一格的民歌形式，

绝大多数人能随口吟唱。激越动听、低回婉转、响彻云霞的“花儿”是保安族人之魂。保安族人民用优美的“花儿”歌唱美好生活，歌唱甜蜜爱情，表达对美好未来的展望和憧憬。每到农历四月下旬到五月中上旬，保安族人就会成群结队地去参加居住地附近的“盖新坪花儿会”、“尕护林花儿会”，还会不顾路途遥远，在“松鸣岩花儿会”和“二郎山花儿会”上一展歌喉。

图 15　花儿会（提供　施晓亮）

“花儿”，也叫“少年”，是产生于河州地区（包括今甘肃省临夏州、甘南藏族自治州部分及青海省东部农业区），流传在甘肃、青海、宁夏、新疆部分地区的汉、回、东乡、保安、撒拉等民族中的一种以爱情为主要内容的山歌。“花儿”分为河州型“花儿”和洮岷型“花儿”两大体系。保安族“花儿”属于河州型“花儿”，但它除具有河州型“花儿”的一般特点外，还具有浓郁的民族特色和地域特色，是“花儿”百花园中的一枝奇葩。保安“花儿”的唱词结构规整，一首一般四句，一般一、三句是十个字的，基本节奏是每句四顿，单字尾；

二、四句是八个字的，基本节奏是每句三顿，双字尾。运用的主词是通俗而口语化的河州汉语方言。

总体看保安“花儿”有两个显著的特点：一是有属于本民族的曲令。即七种“保安令”和“吾阿拉的肉令”，这是保安族人民对“花儿”文化的重要贡献。保安“花儿”主要为商调式曲令，受蒙古语、藏语民歌影响，特别是藏族情歌“拉伊”的影响较大，主调音域宽广、旋律高亢、粗犷、奔放、朴拙，更具有优美的山野气息，体现了高原民族强悍的性格特征。二是多用衬词、衬句。其衬词、衬句除用河州型“花儿”常用的外，多用保安语和撒拉语、藏语、阿拉伯语借词。如将保安语“尕尕尼麦日燕”（意为阿哥的麦日燕，麦日燕为假设的姑娘名字）、“穆尼吾日冈”（意为我的嫂子）、“哎唏勒靠”（意为后悔、遗憾）等置于曲调中间或结尾。这些衬词、衬句在保安“花儿”中起着十分重要的作用，它是“花儿”不可缺少的组成部分，不仅增添了“花儿”的艺术性和感染力，还突出了“花儿”的民族和地域特色。

保安“花儿”的演唱形式有随意散唱、同性对唱、男女对唱等演唱形式，其中最能表现“花儿”魅力、最能让人们如痴如醉的演唱形式是男女对唱。男女对唱，在形式上有双人对唱和多人对唱。双人对唱是最常见的形式之一，这种对唱最能表达歌手的思想感情，也最能体现歌手的演唱风格和水平。多人对唱也是常见的形式之一，多为一人主唱，其他人附和的“领唱型”。

保安“花儿”的内容非常丰富，它涉及的社会生活是广阔的，既有旧时代的苦歌，又有新时代的颂歌，以及反映社会生活的重大变化内容的歌。但“花儿”的主体是情歌，这类“花儿”产生得早，流传的时间长，艺术水平高超，是“花儿”中的精品。爱情也是保安“花儿”永恒的主题。内容丰富，反映了爱情的酸甜苦辣、悲欢离合，艺

图 16　陶醉在花儿中（提供　施晓亮）

术水平高超，充满激情，是“花儿”中最精彩、最动人、最有价值的部分。传统的保安族爱情“花儿”一般从赞美爱慕、试探追求、热恋、别离、相思、重逢、情变、抗争、悲剧、训诫等方面反映爱情生活。表现热恋之情的“花儿”是恋人炽热的青春之心的鼓荡，是火辣辣的内心世界的坦露，是没遮拦的真情的表白。思念性“花儿”是保安族“花儿”中的精品，内容最丰富，艺术造诣最高，最有艺术魅力，可以说一首首思念性花儿是一滴滴相思之泪，一曲曲爱的苦吟，一声声痛苦、忧伤、惆怅、炽烈的感情的宣泄。它用夸张的语言，表现了保安族青年男女感情的浓烈，爱情的忠诚，性格的率直、粗犷及内心世界的丰富。如：

（一）

三岁的马驹转槽上拴，阿哥（们）走了个四川；
哭下的眼泪担担儿担，尕马上驮给了三天。

（二）

大山背后山靠山，十二个叶叶的牡丹；
要的我俩的婚姻散，黄河水干，
积石山摇给者动弹。

保安族歌颂爱情的花儿展现了保安族男女忠贞不渝的爱情信念，他们爱情的海誓山盟与《汉乐府·上邪》有异曲同工之妙：要让我们的爱情终结，除非黄河的水干涸了，高大伟岸的积石山被摇动了。

四、幽默诙谐的“打调”和宴席曲

打调，又叫“打搅”，是广泛流传在河州回、保安、东乡、撒拉、汉等民族中的说唱艺术，其艺术特点是语言幽默、表演滑稽、插科打诨、惹人发笑。打调起头语“你唱个曲子我打个调，不打个调是不热闹”就说明了它的这种特征。打调的唱腔似唱似说，以叙述性见长。各个民族审美观和表达汉语的差异决定了不同的演唱风格，旋律手法、曲调结构等也呈现出不同的特点。

保安族的打调主要在婚宴上，日常生活中的即兴演唱也比较多。在保安族的婚宴上，按照传统习惯，新娘进门的当天晚上，要用唱歌跳舞“闹宴席”进行庆贺。打调的曲目丰富，内容涉及生产生活的各个方面，曲目以短小精悍、一事一曲为主体。宴席类打调以褒贬东家、新郎、新娘及宴席场景为演唱题材，夸得美不胜收，说得一无是处，叫人忍俊不禁，给喜庆的宴席增加无穷的乐趣。如《宴席的日子里恨客人》等。

宴席的日子里恨客人

今晚的东家死恨恨，草一把来柴一根；
婚庆的日子里恨客人，放一溜石头当板凳。
新公公腰系着一条绳，不接待客人守新门；

娃娃伙伙里俏皮得很，看新人看得最上紧。

新婆婆站在院当中，脚穿的新鞋没后跟；

萝卜花眼睛像电筒，咬牙切齿地照老公。

新媳妇的大哥人本分，蒜锤鼻子里挂白葱；

尕嘴咧到了两耳根，洗锅刷碗地献殷勤。

……

我唱的曲儿里没正经，听曲要听个曲儿的音；

骂人的话是讨喜的心，从今后不要抓把柄。

……

保安族的打调除宴席类外，还有讥讽类和逗趣类。讥讽类打调对生活中的黑暗统治者、剥削者、吝啬鬼、懒汉等给予尖锐的揭露、针砭，锋芒犀利，善恶分明，具有较强的思想性。如《索菲娅》、《韩起功抓兵》、《狠汉子上口外》等。逗趣类打调以日常生活中的有趣事物起兴编唱，讲究句句有笑话，偏重娱乐性。有代表性的如《白杨树上樱桃黄》。

白杨树上樱桃黄

哎哟——白杨树上樱桃黄，打调的阿哥不编谎。

碌碡破了毛线啦绑，鸡蛋破了抓蚂蝗；

牛蹄的窝窝里盖瓦房，白杨的树尖上盘大场；

十八个骆驼鸟笼里养，蚂蚱的腿腿上害蹄癀。

哎哟——白杨树上毛刺扎，打调阿哥的老实话。

大柳树上撇一把，核桃冬儿唰啦啦，核桃树上长黄瓜，

提起石头两瓦渣，打得李子哗啦啦，打得林檎吧喳喳。

哎哟——白杨树上结大蒜，打调的阿哥说话悬。

瞎子拿针做针线，做下的裹肚赛牡丹；

两个哑子扯干淡，声音赛过了尕“咪管”；

两个瘸子赛上山，瘸子的尻子错过了扇。

哎哟——白杨树上樱桃黄，打调的阿哥不编谎。

……

宴席曲是在宴席上唱的歌曲，是河湟地区回、汉、保安、东乡等族人民在婚庆等宴席中演唱的一种艺术形式。保安族的宴席曲融汇吸收了其他民族宴席曲的精华，集歌唱、舞蹈、说唱于一体，曲调优美，形式多样，内容丰富，舞蹈风格鲜明，表演风趣诙谐，具有浓郁的地域特色和民族特色。保安族婚礼之夜，全村的小伙子们都要来“闹宴席场”，这是保安族婚礼中一个十分独特和热闹的场面，也是婚礼的高潮。“闹宴席场”的主要活动是唱宴席曲。保安族宴席曲大致可分为散曲、叙事曲、说唱曲。

五、舒展潇洒的保安舞蹈

保安族的舞蹈融蒙古族、藏族、汉族、回族等民族舞蹈的长处，又具有本民族舞蹈的独特风格，舞蹈动作舒展潇洒，粗犷豪放，节奏明快，舞蹈语言清新明丽，表现了保安族人民乐观豪迈、热情开朗的性格和诙谐的情趣。保安族舞蹈最具代表性的传统民间歌舞当数宴席舞。

宴席舞是保安族传统民间歌舞，通常在婚礼晚上表演，其他喜庆日子也常跳。保安族婚礼之夜有全村甚至附近村庄的小伙子们都来“闹宴席场”的习俗。“闹宴席场”的主要活动是唱宴席曲，演唱时边唱边舞，基本的舞蹈形式有独唱独舞，二人或四人对歌对舞，一人独唱独舞众人相和等。保安族的宴席舞是伴随宴席曲的唱词随机变化的，手足以拳术式的动作，朴实大方，刚劲潇洒；头部有节奏有幅度地摇动，诙谐幽默，落落大方。保安族将生活情趣直接或间接地融化到宴席舞中，使舞蹈具有浓厚的民族色彩。舞蹈的名称和基本动作是以武

术名称组成的。如鹞子翻身、老爷抽刀、平沙落雁、凤凰点头等，这些舞蹈动作配合唱词歌调，和谐而有节奏地表达内在的思想感情，有脉脉含情、升华意境的表情动作，也有大幅度的摇动头部和手臂显示强悍奔放的民族精神风貌的动作，整个宴席曲的场面可以充分显示保安族生动活泼的生活气息。

保安族的宴席舞蹈主要表现在头部、肩膀、手臂、腰部及腿脚的配合和应用技巧上。宴席曲的生动、诙谐和形象的唱词，配以优美、逼真的舞蹈动作，边唱边舞，往往使旁观者如痴如醉，也随声和唱，头摇手舞地欲试以舞。新中国成立后，文艺工作者深入到保安族中，在继承传统的宴席舞的基础上，大胆创新，把“花儿”与宴席曲融为一体，使保安族舞蹈的民族特色更加浓郁。

此外，保安族的扇子舞也别具特色，它是在吸收汉族扇舞的基础上发展而成的一种舞蹈。舞者全都手中执扇，手腕的抖动敏捷，大臂的摆动富有韧劲。动作有抖扇、翻扇、绕扇、平扇等，花样新颖，潇洒大方。

图 17　扇子舞（提供　武胜文）

保安族的斗来舞也集中展现了浓郁的民族特色。“斗米”是保安族语，即跳起来的意思。它是保安族婚礼中以庆贺的方式形成的舞蹈，这种民间歌舞只限于在新婚之夜表演，表演者均由村里的能歌喜舞者组成。等到夜幕降临，斗来舞的表演者们，首先由东家请吃宴席，席毕，斗来舞的组织者说一声“踏郎阿起日”（保安语即把柴拿来），东家就把整捆的柴拿来燃起，斗来舞便围绕火堆开始了，随着火的燃烧，“斗来”舞的表演者们即兴歌舞，也有事前编排好的。这种舞蹈全由男子组成，有独舞、双人舞和群舞，他们都触景填词，歌词丰富多彩，幽默风趣，大都是赞颂五谷丰登，安居乐业，祝东家和睦相处，愿新郎新娘白头偕老，早得贵子等内容，曲调优美，舞步雄健、洒脱、节奏平稳。歌词一般多用保安语演唱。这种斗来舞一直持续到深夜，到了一定程度，表演者们拉来东家，边舞边推搡，这叫“烤公公”，是一种独特的欢庆方式，由此把斗来舞推向高潮。然后，东家又拿来油饼、油炸果、手抓羊肉、馓子等食物来招待表演者，东家还给斗来舞的组织者送上一套衣服和披红等其他物品，斗来舞才算结束。

第三节　传统的风俗习尚

一、高墙连接的伊斯兰民居

保安族在居住上有自己独特的风格。保安族民居以其因地制宜、注重伦理、递嬗迁变和匠心独运，以及背负的历史信息，向人们展示着保安族劳动人民的智慧和独特的民居文化。

保安族的传统民居总体布局特点为“高墙连房”。保安族在青海同仁和迁到甘肃积石山后的很长一段时间里，一般是整村连房密集居住，一家一院，平顶，高墙，墙体厚实，形成房连房、墙连墙的阵势。由

于户与户的墙和屋顶相连，一家有事请村人帮忙，不出院门而上屋顶就可以了。这种居住形式，是保安族生活在战乱环境中，为了保护自己，相互团结，共同御敌而形成的。保安族的房屋多为土木结构的土平房，有出檐和挑檐之分，出檐房比挑檐房多一道檩柱，比较宽敞，正房坐北向南，一门两窗。如今，仍可看到这种形制的民居，但大多已改变。

图 18　保安族院落（提供　丁生智）

现在保安族的民居，一般是独家独院。保安族把居住的家院叫庄窠，庄窠墙用土夯筑，受传统居住习俗影响，庄窠墙较高，多在丈八左右。一般北房为上房俗称堂屋，三间或五间组成，有的饰以鹁鸽头、描檩花嵌等精美木雕。上房由家中老人居住，老人去世，如家中房屋宽余则不住人，专门接待客人或请阿訇念经时用，堂屋中间置八仙桌子。保安人喜睡热炕，炕上多铺毛毡，炕墙周围装板、挂炕围，一炕上要放炕柜和板箱，装衣服杂物。由于伊斯兰教的教义反对偶像崇拜，房屋内部忌有人物形象的装饰，因此房内多贴字画，以阿文对联和

"克尔白"图最为讲究。

保安族庭院较大，院内一般都辟有花园和菜地，种植果树、花卉和蔬菜。保安族院落的大门大多高大素雅，单檐起瓦，檐下雕刻有精美的花卉图案。大门多为木制双扇门，立柱用青砖砌成，并饰以砖雕。随着经济收入的不断增加，建筑材料的发展和其他民族民居的影响，保安族民居的风格逐步向多元化发展，现在平顶房、二层小楼房也逐渐增多，装饰也逐步趋向时尚。

图 19 保安族建筑雕饰（提供 丁生智）

二、独特的饮食习惯

保安族受伊斯兰教的影响，以穆斯林饮食习俗为主。又由于先辈们曾和藏族、土族、蒙古族等民族居住，饮食习俗中仍残留有和藏族、蒙古族等民族相近的习俗，如也吃酥油和糌粑等。因此其饮食文化既有浓郁的伊斯兰教色彩，又受其他民族的饮食文化影响，形成独特的

民族特色。保安族的日常饮食以小麦为主食，兼食土豆、玉米、豆类、大麦等。主要面食有：馒头、花卷、包子、酥盘、面条、面片、拉面、碎饭、长饭、搅团、散饭等。油炸食品有馓子、馃馃、蜜圈圈和油香等。肉食品以牛羊肉为主，还有鸡、鸭、鱼等。

图 20　特色美食（提供　丁生智）

保安族的特色食品有手抓羊肉、发子面肠、麦仁杂碎汤、馓子、馃馃、油香、青麦包子、麦索儿包子、油搅团、绿麦仁、麦索儿、炕锅包馍馍等。开斋节、古尔邦节、圣纪等节日，家家都要炸馓子、馃馃、蜜圈圈和油香，选购新鲜蔬菜，视其家庭经济状况要宰牛、羊、鸡、鸭等。在保安族婚宴上，有由冰糖、核桃、葡萄、水果糖、瓜子、杏干、红白砂糖、花生组成的八色糖果，和具有民族风味的“八碗”（包括羊肉、鸡肉、鱼肉、发子面肠等肉食和蒜薹、辣椒、花菜、蘑菇等炒菜）。近几年“八碗”少了，多采用“八菜一汤”或“十菜一汤”菜式。

保安族是一个非常喜欢饮茶的民族，视茶为上品，有客来家，必先上茶。在日常生活中，过去多饮用茯茶，现在随着经济条件的好转，多饮用绿茶、红茶等。保安族对喝茶非常讲究，喜用三炮台盖碗饮茶，“撇子得恰乃罗西海”（保安语，用红、黄铜制作的火壶）烧水，牡丹花的开水（沸腾的开水）泡茶，以放有冰糖、桂圆、茶叶的“三香茶”和冰糖、桂圆、葡萄干、杏干、茶叶的“五香茶”为上。保安族的麦茶是一种特色风味饮品，其做法是将麦子炒熟后，用擀面杖碾碎，然后放在碗里，加少许盐和开水，即可饮用。有的还将杏仁、核桃仁、红枣及党参等切碎晒干，碾成细末儿加入麦茶中，有清热、解渴、滋补的功效。

保安族宴请宾客以全羊席最为隆重。尊贵的客人来了，家里有肉食也要宰活羊。其全羊做法是把宰后的囫囵羊加上调料煮熟，按肋条、脊背、前后腿、胸叉、脖子、尾巴分部位切割开，然后带骨剁成二指厚、手掌大的肉块，每个部分装一盘上席。

三、美丽的民族服饰

“皮袄的袖子斜搭上，十样锦腰刀挎上，大马骑上枪背上，高跟的马靴穿上。”这首花儿生动地描写保安族男子穿翻领大襟长袍，系腰带，挎腰刀，足蹬高统马靴的民族服饰装束，显示了其在民族服饰装扮下英武、潇洒的形象。

图 21　保安族青年（提供　丁生智）

保安族传统服饰受蒙古族、藏族、土族等民族的影响，但又有本民族的独特风貌。现代服饰则受回族影响但又不完全相同，色彩鲜明，款式独特，工艺精巧，个性独具。保安族的服饰是保安人的审美情趣和审美观念，其服饰中或素雅或艳丽的色彩，独特的款式，精美的刺绣和服饰无不折射出丰富的文化内涵和审美情趣。保安族因东迁改变了居住环境，其服饰也可分为传统服饰和现代服饰两种。

图 22　保安族姑娘（提供　施晓亮）

起初，由于历史原因，保安族先民与蒙古族杂居生活，加之自然环境等因素，服装与蒙古族相似。男女冬季均穿长袍，戴各式皮帽；夏季则穿夹袍，带白羊毛制的喇叭形高筒帽，系各色鲜艳的丝绸腰带。那时候在春、夏、秋三季男女均穿长衫，穿高领的白色短褂，外套黑色的坎肩，穿大裆裤、宽腿裤，或者上身内穿衬衫，外套一件长袍，名叫“柔拉”，像藏式长袍，长袍为夹制，布料采用高级平绒、丝绒，也有皮毛里子的。面料颜色一般多为墨绿色、蓝色和紫红色。袍长

110～116厘米，过膝，稍短于藏袍，肩宽49.5厘米，袖口宽19.8厘米，均比藏袍尺寸小。袖口沿宽度不同的紫、红格形布边。右斜下襟外系一和衣袍相同和不同的小袋子作为装饰品，也可以用来扣襻衣服。袍外腰系红、蓝、绿、桃红等丝绸袋子，长约330厘米，多为褐色面子，宽19.8～330厘米，在腰上围三圈后外吊尺许，腰挂什样锦腰刀。冬天多穿翻领大襟袄，脚穿靴子和罗蹄（用牛皮做成，周围有皱褶，内装草、羊毛等）。

图23 民族服饰（提供 丁生智）

女子的传统服饰为：上身内穿丝绸缎斜襟软衬衫，外套长袍或"夹夹"马夹。长袍长至膝下，斜大襟，和尚领子。长袖，袖边和襟摆处均有绣花或包蓝布边。长袍有夹的，也有棉的布制或丝绸制。女子下身穿大裆裤，裆宽八寸，裤长一般88.1～92.4厘米，裤腿宽23.1～

26.4 厘米。有花布裤腰，姑娘和媳妇均可穿。老年妇女一般穿黑色的，大裆裤一般为夹的，也有棉的。

在迁到甘肃积石山大河家以后的一段时期里，保安族仍然保持着在同仁居住时的服饰特点。后来，随着同回族、撒拉族等周边民族的往来密切，以及宗教信仰的影响和生产活动的需要，保安族的服饰有了明显的变化。近年来男子多穿对襟的白衫、圆领，有纽扣，外套黑色布或绸缎的坎肩，下着黑色或蓝色的长布裤。衣和裤边绣花或以不同的绸缎加边，面料一般为平绒、灯芯绒或其他棉、毛呢等。在喜庆的日子里，男子穿翻领大襟长袍，系腰带，挎腰刀，足蹬高统马靴。不仅显示其英武、潇洒，而且继承了本民族的传统服饰。

女子喜欢穿紫红色或墨绿色灯芯绒大襟上衣，衣襟上点缀各种花色纽扣，外套圆领套头式样的红缎坎肩，坎肩短于上衣，下身穿蓝色或黑色长裤。外出或节庆之际，头戴红、绿色礼帽或柔软细薄的绿色绸纱盖头。正如“花儿”中反映的：青缎子鞋面斜裁上，十样锦花草绣上，小阿哥坐在地边上，我亲我爱的疼肠。大红的洋缎绷伞哩，豆绿的礼帽配哩，尕妹是牡丹我接哩，阿哥是绿叶配哩。

四、源于武术和游牧特征的体育运动

保安族民间传统体育活动源远流长，非常丰富，如打石头、打五枪、打地米俩、抹旗、夺腰刀、顶牛、赛马、响铃操、甩抛尕、摔跤、武术等。这些项目大都与保安族先民生活的地理环境和生产、生活有关。保安族先民原是成吉思汗西征时，被掳掠的中亚信仰伊斯兰教的色目人，充当蒙古军队的兵士或工匠，大规模的战争结束后，亦兵亦农，“上马则备战斗，下马则屯聚牧养”，因此传统体育活动多与军事和游牧活动有关，形成鲜明的特色。

夺腰刀　是保安族最具代表性的传统体育项目。比赛时甲、乙双方各将一把有鞘的保安腰刀藏在身上，在一块12平方米左右的空地上，或进或退，左右移动，相互探察对方藏刀部位，护自己之刀，夺对方之刀。以夺刀、护刀展开了一场撕、拉、推、摸、摔的搏斗，最后以先夺到对方腰刀者为胜；在规定的时间里双方都夺不到刀为平局。一般三局两胜。1995年11月在云南省昆明市举行的全国第五届少数民族传统体育运动会上，“保安族夺腰刀”获表演项目三等奖。2003年在宁夏银川举行的第七届全国少数民族传统体育运动会上，“保安族夺腰刀”获二等奖。

图24　夺腰刀表演（提供　施晓亮）

打五枪　是保安族喜爱的传统项目。指在飞驰的马背上和规定的距离内，连续五次完成装火药、扣压引火帽和射击任务的竞技项目。枪为自制的土火药枪。距离一般为200米。参加此项目比赛的人必须既有高超的骑术，又能熟练操作和使用火药枪。比赛时，骑手们持枪

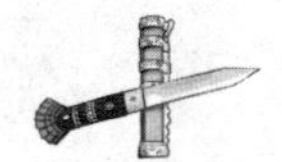

上马，站于起跑线上。号令一下，骏马奔驰，骑手们两腿紧夹马腹，左手持枪，右手装药、取装引火帽、射击，动作敏捷、娴熟。由于距离短、马速快，规定的射击任务又多，故比赛异常紧张、惊险、激烈。最后以先到达终点，并完成射击任务者为胜。这是保安族男女老少都极为喜爱的传统项目，无论在任何村庄举行比赛，人们都纷纷前往观看、助威。

抹旗　是在飞驰的马背上，在百米距离内完成五个方向挥旗动作的竞赛项目。旗杆是用竹片和黑布缠绕、捆扎制成的，坚韧、不易折断，保安人称之为“纂竹”，长度分264厘米、297厘米和330厘米三种。比赛时，选手们牵马站在起跑线上，右手扶住插在马鞍右侧插孔中的旗杆。比赛令下，迅速翻身上马，急驰而去，同时手握旗杆末端，连续完成从右到左、从左到右、从前到后、从后到前，最后挥过头顶的五个方向的挥旗动作。最终以先到达终点，并圆满完成挥旗动作者为胜。因挥旗时要求挥五个方向，故又称抹“五门旗”。这是一项比骑技、赛胆量、较臂力的活动，优胜者备受尊敬与赞扬。

甩抛尕　是游牧民族的发明创造，不仅可作为一项娱乐活动，而且可用于阻止畜群乱跑。抛尕是由绳子和系在绳中间用来盛石子的布窝子组成的投掷工具。比赛时，在布窝内放入石子，将绳子一端的小孔套在中指上，另一端折叠起来，夹于食指和拇指中间，开始环绕预摆。待瞅准目标，立即松开拇指和食指，布窝内的石子靠甩动中的惯性被抛掷出去。比赛方法有两种：一是比谁抛得最远；二是同一距离目标，比谁击得准。

第三章

人口规模与基本情况

保安民族人口数量较少，第六次全国人口普查显示，在全国少数民族中居于第 44 位，在甘肃省各少数民族中居于第 5 位。2010 年该民族人口占全省总人口的 0.078%。保安族人口主要分布在甘肃省临夏回族自治州积石山县的大河家和刘集两个乡镇，其中又以大河家乡的梅坡、大墩、甘河滩三个村最为集中。

第一节　人口变迁概况

保安族自从诞生后，就经历了许多磨难。从青海同仁的故里被迫东迁到甘肃大河家的三四年里更是经历了巨大的艰辛，其人口规模也经历了很大的变化。

一、社会动荡导致人口锐减

保安族经与回、土、藏、汉、蒙古等民族长期交往，自然融合，大致在明朝中叶，形成了一个有共同语言、共同地域、共同经济生活和共同文化认同的民族共同体，已有 500 多年历史。由于保安族人有语言没有文字，历史上保安族的人口规模，我们已无从考察。但是从

保安族发展的历史看，由于解放前历代封建王朝和国民党政府的反动统治，以及他们推行的民族歧视政策，保安族人口的数量一直处于徘徊不前的状况，特别是清同治年间，由于统治者扶此抑彼“分而治之”政策的影响而导致的保安族同当地土、藏民族发生的冲突，使为数不多的保安族人口遭到了一场空前的浩劫。后来在寻求新出路的迁徙过程中，由于生活不安宁，没有保障，人口出生率显著下降，死亡率大大上升，形成保安族人口发展中的一个低峰时期。

据记载，保安族人在青海同仁居住时，生活稳定，人口规模增长较快，到清初已发展到1000多户，估计人口应在6000人左右。但后来，保安族人被迫东迁，导致人口锐减，定居到今积石山县大河家地区时人口不到1000人。到大河家定居后，由于贫瘠的土地和统治者的苛政，加之不断的战争，保安族人口基本上没有多大发展，到新中国成立前，甘肃省的保安族人口总共只有4356人。

二、民族自治促进人口稳步增长

新中国成立后，国家实行民族自治政策，保安族获得了民族平等和自治权利。1952年在聚居地区大河家、刘集成立保安族民族乡，隶属临夏州临夏县，1981年9月30日建立了积石山保安族东乡族撒拉族自治县。在自治机关中，保安族领导干部占有相当比例，历届全国和省人民代表大会都有保安族的代表。

在国家民族政策的光辉照耀下，保安族得到了迅速发展，尤其是保安族人口有了大幅度增长。据第六次全国人口普查资料显示，2010年全国保安族人口已达20074人，比1949年增加了15718人，增长幅度达到360.84%，年平均增长5.92%。如果与1953年第一次人口普查数据4957人相比也增加了15117人，增长幅度为304.96%，年平均增长5.35%。从甘肃省保安族人口的增长情况看，据第六次全国人口普查统计，甘肃省2010年保安族人口共18170人，比1949年的4356人增加了13814人，增长幅度为317.13%，平均每年增长5.2%；与2000年第五次人口普查的15170人相比，10年共增长3000人，平均每年增长了300人，10年增长率为19.78%，平均每年增长1.98%。

三、马鞍形的人口增长曲线

保安族人口发展的历史，以新中国成立为分水岭。新中国成立前保安族人民受到多重压迫，经济社会和人口发展停滞不前。新中国成立后，保安族人民各项事业得到大发展。人口发展经历了三个高峰，从20世纪90年代以后进入平稳发展期。纵观保安族人口发展历史，其人口呈不稳定的上下波动状态，形成了一条马鞍形曲线。

1949年以来，保安族人口经历了三个人口发展高峰期。1949～1954年，当地的土地改革完成，有力推进了生产力的发展，人民生产生活安定，出现了保安族人口发展的第一次高峰，净增人口1752人，人口总数达到5108人。1982～1990年，国家实施改革开放政策，农村家庭联产承包责任制实行，强化了农民多生育的愿望，保安族社会的生产力极大提高，保安族人民的生产、生活进入了一个平稳发展的时期。同时，民族政策得到落实，甘肃省规定稀有少数民族可以生2胎，最多可以生3胎的政策，出现了人口发展的第二个高峰期，净增人口2333人，人口总数达到10555人，在历史上首次突破万人大关。1990～2000年，国家大力支持西部少数民族地区发展，制定了许多优惠政策，保安族经济文化建设取得了突出成就，人民生活水平有了较大提高，出现了人口发展的第三个高峰期，净增人口4615人，人口总数达到15170人。1995年后，积石山县计划生育工作力度加大，保安族的自然增长率有所下降，2000～2010年，净增人口为3000人。

四、人口密度不断增大

在历史上，保安族是个比较弱小的民族，曾经受到反动政权的压迫和其他民族的排挤。民族聚居和新中国成立后人口的迅速发展，使保安族聚居地的人口密度逐渐增高。1982 年第三次全国人口普查时，积石山自治县的人口密度为 186.2 人/平方公里。1990 年第四次全国人口普查时达到 213.6 人/平方公里。增加了 14.71%，平均每年增加 1.83。2010 年又增加到 259.1 人/平方公里，远远高出甘肃全省 56.2 人/平方公里的水平，是甘肃省平均人口密度的 4.6 倍。

积石山自治县内保安族聚居比较集中的大河家镇、刘集乡的人口密度更大，高于全县平均水平。1982 年，大河家镇的平均人口密度为 391.5 人/平方公里；1990 年上升为 456.7 人/平方公里；2000 年上升为 479.1 人/平方公里。而 2010 年，人口密度达到 562.5 人/平方公里，比 1982 年增长了 43.68%，平均年增长 1.5%。被称为保安三庄的甘河滩、梅坡、大墩三村的人口密度更高。其中，甘河滩村由 1982 年的 306.2 人/平方公里增加为 2010 年的 497.1 人/平方公里，增加了 62.34%；梅坡村由 1982 年的 303.5 人/平方公里增加为 2010 年的 604.7 人/平方公里，增加了 99.24%；大墩村由 1982 年的 384.6 人/平方公里增加为 2010 年的 642.7 人/平方公里，增加了 67.15%。大河家镇的人口密度远远高于积石山全县的平均水平，2010 年达到全县平均水平的 2.2 倍，是全省平均水平的 10 倍。

从人口发展趋势看，保安族人口总数还将逐年稳步增长，从而导致人口密度进一步提高。过高的人口密度，将导致人口与生态环境、经济社会等系统的失衡与断裂，从而制约保安族各项事业的进一步发展。目前，突出矛盾主要表现在资源紧张。积石山县自然条件严酷，物质资源匮乏，土地资源紧缺，人地比例严重失调。以保安三庄为例，

2009年，人均土地面积只有0.98亩，其中甘河滩仅有0.82亩。由于人口增长及家庭的再生产，部分耕地逐渐被住房占用，致使保安三庄的土地每年都以0.1亩/人的速度递减。同时，高密度的聚居给环境造成了巨大压力，增长的人口为满足生存需要过度索取，致使生态环境恶化。另外，也引发了如经济、文化、教育发展缓慢，劳动力过剩出现隐性失业等社会问题。要实现科学发展，就要着力解决好保安族聚居区人口、资源与经济社会协调发展中存在的矛盾。

第二节　人口分布特点及迁徙流动

一、人口分布呈现的特点

保安族人口分布的特点比较明显，主要有以下几个方面。

第一，垂直分布。从“积石山自治县地图”中可以看出，保安族主要分布在大河家、刘集、吹麻滩、乩藏等由北向南的垂直线上，他们以临大公路为轴线，分布在公路两侧。这条垂直线的海拔由北向南从1800米上升到3000米左右，全长100多公里。保安族人口在这条垂直线上的密度是由北向南逐渐减少，北部的大河家地区人口密度最高，南部的乩藏等地人口密度较小。

保安族人口分布的这一特点与历史上保安族的迁徙路线有密切联系。清同治年间，保安族被迫从青海同仁地区迁出的行动路线，首先是到过青海的循化地区，在循化地区住了三年左右，迁往甘肃省的大河家。保安族来到大河家之初，这里的原有居民主要是汉民，人口不多，到处是一片片杂草丛生的荒草野滩，由于生产生活条件极差和马占鳌即将反清起事，保安族人将被召参加等原因，保安族又被安置到回民较多的乩藏地区居住。后因扎藏地方的经济条件太差，而当时甘、

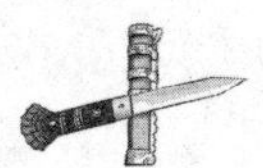

青一带回民聚居较多的河州地区，也因苛捐杂税多如牛毛，各族人民生活极为困苦。同时整个临夏地区又卷入了西北回民起义的巨浪，造成保安族人深受社会动荡之苦，生活极不安定，为了日后便于重返家园向青海出走，保安族人又返回到大河家。多数保安人到了大河家的大墩、梅坡、甘河滩，部分人到了刘集的高李村，另外少数人迁到柳沟斜套地方居住。总之，保安族迁徙过程中居住和停留过的地方，都有大部分和小部分保安族人留下，时至今日形成了保安族线状垂直分布的特点。

第二，集中聚居。保安族人口虽然呈线状垂直分布，但居住都非常集中，表现在两个方面：一是每个点上的保安族人都集中于某一个村或社中，形成小聚居的特点；二是从第六次全国人口普查数据看，保安族人口主要集中在大河家地区，人数为 7712 人。大河家又主要分布在大墩、梅坡、甘河滩三个村庄，这里集中的保安族人占了全县保安族人口的 47.84%。与大河家相邻的刘集乡的保安族人口为 4008，占全县保安族人口的 24.87%，主要分布在高李村和团结村。

全国保安族人口分布情况　（单位：人）

项目 地区	1990 年		2000 年		2010 年	
	人口	占保安族总人口比率	人口	占保安族总人口比率	人口	占保安族总人口比率
全国	11 683	100%	16505	100	20074	100
甘肃	10 555	90.34%	15170	91.91	18170	90.52
青海	602	5.15%	635	3.85	904	4.5
新疆	482	4.12%	571	3.46	568	2.83
其他省	44	0.37%	129	0.78	432	2.15

第三，市镇人口增长较慢。保安族人口主要分布于农村，城镇人口少，这是保安民族人口分布的另一特点。根据第四次全国人口普查统计，甘肃省保安族的农村人口达 9859 人，占全省保安族人口的 93.40%；城镇人口只有 696 人，占全省保安族人口的 6.59%。根据积石山保安族东乡族撒拉族自治县 1986～1990 年国民经济统计资料，

1990年积石山县保安族人口中农村人口达9803人，占全省保安族总人口的97.55%；城镇居民只有246人，占全县保安族人口的2.45%。这种人口分布说明保安族居住地的社会现代化程度还很低，工商业基础很薄弱。根据积石山县“七·五”期间国民经济发展情况来看，1986年全县农业总产值2274.29万元，工业总产值只有119万元；1990年全县农业总产值达到2894.8万元，而工业总产值只有190万元；2010年全县农业总产值达到43121.8万元，工业总产值达32201万元。这种经济状况，很难使农村剩余劳动力向第二、第三产业转移，不得不使大量的保安族人口滞留在农村。要改变这种状况，必须加大农村产业结构调整的力度，使农业逐渐实现产业化，通过农业产业化，带动和促进工业化。同时，国家也应加大对民族地区扶持的力度，提高投资规模，争取在不远的将来使农村人口和城市人口的比例趋于合理。

二、为生存而引发的西部大迁移

新中国成立以后，保安族也有过一次小规模的人口迁移，1960年三年困难时期，有一部分保安族人民迫于生活，与当地回、东乡等部分其他民族一起流落到了新疆地区，这种迁移属于自发的零星的过程。据2010年第六次全国人口普查统计，新疆的保安族人口已发展到568人，占保安族总人口的2.83%，形成了新的保安族人口分布地区。但是从总体上来看，保安族人口的地区分布是稳定的。

造成保安族人口分布相对稳定的原因，除了历史、文教、经济、文化等方面的原因以外，主要是新中国成立以后，由于党和政府的关心、支持和帮助，保安族居住的地方生产生活条件得到很大改善，除个别时期，绝大多数时期人民生活安定，安居乐业，这是其一；其二是党和国家民族政策的落实，从最初的民族乡到现在自治县的建立，民族团结、民族平等的氛围使保安族长期以来遭受民族歧视的条件环

境得到改变，保安民族在心理上不再有迁走他方的后顾之忧；其三，由于保安族人口较少，强烈的民族凝聚力和向心力，也使保安族人在一般情况下不愿迁移他方。

三、行政区划变动促进人口县内流动

新中国成立后行政区划变动和归属关系变化也促使保安族人口的流动。新中国成立后，积石山地区归临夏县管辖，由于临夏县是县政府所在地，是经济、文化的中心，所以不少保安族人通过招工、提干、干部调动等途径迁居到临夏县，同样，临夏自治州府所在地的临夏市也因同样原因有了一部分保安族人口居住。通过几十年的发展，保安族人口在临夏县和临夏市已形成一定的规模。吹麻滩镇的保安族人口也是这样形成的。1980 年积石山保安族东乡族撒拉族自治县成立，县政府设在吹麻滩镇，这里因此成了全县政治、经济、文化的中心，作为保安族等民族的自治县，大量的保安族干部得到培养、调动和使用，各种各类保安族工作人员涌入吹麻滩镇，2010 年，吹麻滩镇的保安族人口已达到 1275 人，占全国保安族人口的 6.4%、甘肃省保安族人口的 7.02%、积石山县保安族人口的 7.91%。

第三节 逐步改变的生育观念

保安族人口历来有早婚习俗，在其传统观念中，生儿育女是家庭的一大重要任务。所以，保安族妇女初次生育年龄也较低，旧社会，妇女 15 岁生育的现象已为人们司空见惯。新中国成立以后，虽经几十年的努力，但并未从根本上消除早婚早育现象。加之保安族人口中还广泛存在着重男轻女思想，多数家庭至今仍不支持女孩子上学，所以，绝大多数保安族妇女依然囿于家庭生活的小圈子之中。保安族人的生育观念也在逐步转变之中。

一、受农耕文明影响的生育观念

保安族自从在青海同仁形成直至迁居到积石山大河家，经济形式都是以农业生产为主、商业和手工业为辅，其生育观念也深受农耕文明影响。在传统农业生产中，劳动力的多寡在很大程度上决定了财富的多少，甚至影响到家庭在社会中的地位高低。所以保安族的传统生育观念也是由早婚早育、多子多福、重男轻女、养儿防老构成。

传统生育观念支配着人们的生育行为，受宗教等影响，保安族女性一直在封闭性极强的社会生活环境中默默地承担着本民族人口繁育的重任，怀孕、分娩、抚育子女被认为是女性天经地义的义务，生育是她们不可推卸的责任，至于生多生少则是“真主”的前定。保安族女性始终将自己看做是传宗接代责无旁贷的承担者，如果女性没有生育能力，在她们看来是其人生一个永远无法弥补的缺憾，因此承受着巨大的精神压力。早生儿女早得福的生育观念得到保安族社会的普遍认可，导致该民族女性生育年龄普遍偏低。过去，她们十四五岁结婚，十五六岁生育孩子是常事。受多子多福观念影响和医疗卫生水平的限制，保安族女性在生育孩子数量上没有选择的余地，除非意外流产，一般情况下，只要怀了孩子都会生下来，在保安族女性生育史上生育五六个孩子极为普遍。

重男轻女的观念使人们往往在生男孩的路上不懈地追求，妇女也因此在这一过程中付出了身心的巨大代价。婴儿的性别与母亲在家庭中的地位自然地产生了联系。妇女在婚姻家庭中的地位往往与其生育行为和结果联系在一起，终生不育和只生育女儿的妇女很难在婚姻家庭中获得地位。对于女性来说，由于家族完全由父系亲属构成，母系亲属并不在家族范围之内，婚后的女性行动自由受到了很大的制约，

生育是获得在现有家庭社会资源的重要途径。在传统农业生产方式下，男女地位悬殊的保安族地区，人们对生育男孩的意愿相对较高，虽然大多数人表示对男孩、女孩都还是疼爱的，但认为还是男孩对家庭更为重要，女孩无论如何长大都是人家的人。在生育孩子的决定上丈夫和所在家庭中的长辈有绝对发言权。求子嗣是保安族至今仍然有的传统，如妇女婚后久不生育，就要进行求子活动。求子行为一般夫妻双方由家中或亲朋里的老年妇女陪伴，到拱北去求子，到了拱北之后，给守拱北的人一些钱，并念诵《古兰经》里的相关经文。在保安族地区，如果产妇生产的是第一胎，无论男孩女孩，婆家、娘家都会欣然接受，男孩当然会被更加重视。如果生育第一胎是女孩，第二胎还是女孩的话，家人们都会表现得忧心忡忡。

在传统生育观念的支配下，保安族育龄妇女生育率高于汉族和同为稀有民族的裕固族，同时生育率有上升趋势。生育率居高不下，不但影响保安族下一代成长的质量，使保安族妇女为生儿育女所累而难以发展自己，而且会加剧保安族地区人口增长较快与经济发展滞后之间的矛盾，从而制约保安族人口的发展。另外传统生育观念也导致出生人口性别比偏高且呈上升趋势。保安族信仰伊斯兰教，伊斯兰教虽有重男轻女倾向，但绝不允许溺弃女婴，而且主张保护女孩的生存权利。虽然大多数保安族妇女仍有生男孩的意愿，但在实际生育过程中并没有过分的性别偏好，她们的重男并不建立在牺牲女孩生存权利的基础之上，也从不抛弃女孩，由此，保安族人口出生性别比本该是正常的。但是，由于客观上绝大多数保安族人口所居住的农村仍然处于劳动密集型阶段，农业劳动天然欢迎男性劳动力，加之多子多福等封建生育观念还根深蒂固，因而，绝大多数保安族妇女依然想生男孩，而且想多生男孩。

二、优生优育观念的树立

20 世纪 70 年代初，国家就开始提倡实行计划生育，但到 70 年代末期，计划生育政策在保安族地区仍然没有推广。保安族的生育文化随着国家计划生育政策的宣传与实施，其生育观念及其行为较前或多或少地发生了一些变化，主要表现在生育行为由先前无节制的早育多育逐渐向有节制的生育转变。

保安族生育文化真正发生急剧变化是在20世纪80年代以后，变化最为显著的是其生育观念及行为的转变，出现了与主流生育文化趋同的迹象。随着保安族地区社会经济文化发展及生活水平的提高、《新婚姻法》和计划生育政策的进一步宣传实施，保安族对国家生育政策的认同不断加深，使得其生育观念发生较大的变化，“晚婚晚育、少生优育”的生育观念逐步确立；生育行为基本符合国家政策要求，在主观意愿的积极配合下，由先前无节制的早育多育逐渐向有节制的、有选择的优生优育转变；生育目的由求生存向追求高质量生活转变。而这种变化呈现主动发展的态势，其生育文化与国家政策处于协调发展之中，表明国家生育政策由调整和控制保安族生育行为的外在因素逐渐转化为内在因素，保安族生育行为发生了由行政性生育控制到个人自主性生育控制的历史性转变。

保安族地区社会经济文化及各项事业的发展，使保安族女性生活随之翻开了新的历史篇章，尤其在改革开放新的历史条件下，随着社会经济文化水平的提高，保安族女性接受教育水平的不断提高，由此引发了保安族传统生育文化的一系列变化。

保安族女性生育观念由“多子多福”转变为“优生优育”。由于政府坚持不懈的计划生育政策的宣传教育与贯彻执行，以自然村为社区的保安族育龄女性积极参加当地政府部门举办的定期与不定期的计划生育知识普及宣传教育和各种形式的培训，她们通过有意识的学习，了解掌握了妇幼保健、优生优育等卫生和生育常识，抚育子女的亲身经历使她们认识到“儿多母苦”、“孩子多拖累大”，体会到早育多育给

她们自身发展所带来的种种制约，认为无节制的生育既增加了家庭经济负担，难以过上好日子，对孩子的成长也不利，她们说“与其把一个苹果分给两个孩子吃，不如给一个吃更好”。社会生活实践和亲身经历使她们认识到要想改善自己的生活和健康状况，再也不能无节制地生育了，只有转变传统的“多子多福、养儿防老”的生育观念，才能过上富裕美满的日子。根据问卷调查，90％以上的人对“少生优育”持“赞成”态度，表明她们的生育观念发生了显著的转变，少生孩子好处多，“优生优育”在如今保安族女性的生育观念中占据主导地位。

第四节　人口质量稳步提高

从新中国成立以来的六十余年发展来看，保安族人口质量在稳步提高，婴儿死亡率逐年下降，儿童青少年成长发育水平正常，人口的患病率下降、平均寿命延长。这一方面说明保安族人民的物质生活水平在不断提高，医疗卫生等条件在不断改善；另一方面也说明保安族人自身身体素质较好，加上保安族人长期以来养成的卫生、清洁的良好习惯与稳定合理的饮食习惯，使保安族人口身体素质不断提高。

一、婴儿死亡率迅速下降

新中国成立后，保安地区人民的卫生医疗条件有了很大改善。婴儿死亡率，即每千名活产婴儿在1岁内死亡人数所占的比率，这是反映人口健康水平的一个重要指标。新中国成立以前，积石山保安族的产妇、婴儿死亡率很高，同其他民族一样，婴儿死亡率高达200‰左右。患病妇女为数众多，广大妇女痛苦不堪。新中国成立后，党和政府十分重视妇幼保健工作，大力培育妇幼卫生人员，分批组织农村妇女学习新法接生，学习卫生保健常识。1954年在大河家实行新法接生，当年新法接生174人。1955年，在保安族民族乡成立了新法接生组，在梅坡、甘河滩用新法接生的占到70%以上。据2010年第六次全国人口普查数据显示，保安族人口2009～2010年婴儿死亡率已降为20.93‰，婴儿成活率大大提高，妇女存活子女数占活产子女数比例达92.7%，比汉族仅低4.9个百分点，妇女平均活产子女数达1.88，高于汉族0.33个百分点，妇女平均存活子女数达1.74，高于汉族0.23个百分点。1995年以来，积石山自治县在妇幼卫生工作中，开始以“加强中国基层妇幼卫生——计划生育服务”的联合国人口基金会和儿童基金县的项目为重点，进一步开展新法接生，妇女“两病”查治、孕产妇保健保产、妇幼卫生保健培训等工作，加强了县、乡、村妇保网点的建设，县妇保站配备了B超、万能手术床、妇科检查床、电动吸引器、幻灯机、心电图机、胎心监护仪和X光机等先进医疗诊断设备和妇科常规保健设施及宣传教育器材。县、乡、村三级共接受项目配套设备50种1735台（件），落实了人员、设备和资金。为妇女儿童的身心健康提供了可靠的保障。

二、人口的患病率下降

人口的患病率和病死率，从反面说明人口体质水平。患病率和病死率越高，表明人口体质不好或下降，反之则表明人口体质在增强。

长期以来，影响保安族身体健康的疾病主要是肺结核、呼吸系统病、消化系统病、妇女病和各种地方病。新中国成立以前，由于缺医少药，保安族人口患病率很高，病死率也较高。新中国成立后，随着卫生保健工作的加强，保安族的患病率和病死率不断下降，地方病得到有效控制。目前，肺结核已基本绝迹，呼吸系统疾病和消化系统疾病患病率已下降为20%左右。妇女病得到有效的预防和治疗。保安族的地方病主要是亚克叮病、麻风病、氟中毒、甲状腺肿大、布病等。目前大多传染病已被消灭，没有消灭的发病率也大大降低。2007年计

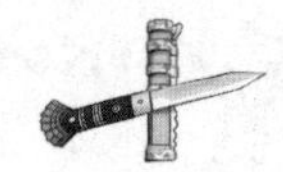

划免疫五苗覆盖率达到95.24%，乙肝全程接种率达到96.03%。妇女保健工作迈上新的台阶，2007年，高危产妇住院分娩率达到92.6%；三级保健网建卡管理率达到88.0%，新法接生率达到95.9%。积石山县的地方病主要有碘缺乏病、氟中毒病、麻风病、布鲁氏杆菌病。经过防治，1987年后再未发现麻风病例，1995年后再未发现布鲁氏杆菌病例，达到“稳定控制区”标准。1986年地方性甲状腺肿大和克汀病达到国家规定的控制标准。2006年3月，县地病办盐碘实验室建立，第一次独立开展了食用盐定量监测，居民合格碘盐食用率达91.6%。2010年，居民合格碘盐食用率达97.55%。全县累计实施氟病区改水工程20个，受益人口22万人，地方性氟中毒病区范围大大缩小。

保安族人口的发病率在20世纪80年代前很高，积石山县大河家乡痴呆人口就达60多人，这个乡的甘河滩村，人口总共1200多人，其中呆痴人口就有二三十人，占了总人口的20‰左右，比例相当大。保安族人口中痴呆人口比例高，与近亲结婚有很大关系。保安族一般只与信仰伊斯兰教的民族通婚。在当地，他们除了本民族外，只与邻近的回族、撒拉族、东乡族通婚。而且即使在本民族不同教派之间也不通婚，这就大大缩小了通婚的范围。另一方面，痴呆人口还与当地水源有关。20世纪80年代以来，国家在保安族居住地进行了水源改造工程，人畜饮水分开，群众用上了自来水，使痴呆病发病率有所下降。总之，随着经济和卫生医疗事业的发展，保安族的患病率将会进一步降低，人民的健康水平将进一步提高。

三、人口平均寿命达到全国平均水平

平均预期寿命也是反映人口健康水平的重要指标。新中国成立以前，由于生活贫困，死亡率高人口寿命短，人均寿命与当时全国人均寿命35岁相当。新中国成立以后，随着人民物质生活和营养水平的提高，医疗条件的改善，死亡率特别是婴儿死亡率的大幅度下降，保安族人口的平均预期寿命也有了较大的延长。据 2010 年第六次全国人口普查资料统计，保安族人口的粗死亡率已下降为 4.439‰，低于全国的 5.56‰和甘肃省的 5.38‰。平均预期寿命已达到 74.89 岁，比新中国成立前增加了 113.97‰。这个数字略高于 2010 年全国平均预期寿命 74.83 岁。已经接近世界发达国家在 20 世纪 60 年代下半期到 70 年代上半期平均预期寿命 70 岁左右的水平，远远超过了发展中国家 1980～1985 年平均预期寿命为 56.5 岁的水平。

第五节 文化教育水平稳步提高

保安族是一个重视教育的民族，但在发展历史上，由于历代统治阶级的压迫和剥削，加上严酷的生存自然条件，生产力发展水平低，生活贫困，因此保安族的教育主要以家庭教育和经堂教育为主，学校教育极不发达。新中国成立后，在党和政府的大力扶持下，保安族教育迅速发展，文化素质不断提高，民族教育事业取得了丰硕的成果。

一、艰难发展的教育史

保安族的学校教育始自清朝末期。据《积石山保安族东乡族撒拉族自治县志》记载，在同治至光绪初年，在保安族聚居区，有 2 所学校，即自筹资金兴办的刘家集修文义学（私学）和河州州署拨资修办的大河家亲仁义学（官学），这是保安族学校教育的开始。民国十七年（1928 年），国民政府在保安族聚居区建立了刘家集第五初级小学、甘梅第八初级小学和刘集第二高级小学，但由于当时社会动荡，每个学校只有教师一两人，学生二三十人。民国二十五年（1936 年）7 月，大河家回族开明绅士马全钦为了发展家乡文化教育事业，在自己的家

里创办了“私立魁峰小学”，有学生40名。民国二十九年（1940年），马全钦又增办“私立魁峰女子小学”，有学生34名；马晓山在大河家创办“私立秀茹女子小学”，有女生40余名，保安族始有女子入学读书。民国二十九年（1940年），马全钦又在保安族聚居的刘集乡高李村建立了高赵家小学，有学生60名。民国三十二年（1943年），魁峰小学又增设三年制初中班，后改为“私立魁峰中学”，保安族始有中学生。民国三十二年还创办了刘集大庄小学。民国三十三年（1944年），创办了县立尕集小学。新中国成立前夕，保安族聚居区共有各类学校9所，但保安族中接受到学校教育的人很少。

二、民族教育迅速发展

新中国的成立，带来了保安族教育的春天。1949年8月，保安族聚居的积石山地区解放后，人民政府接管、整顿并恢复了保安族原有的学校，重点扶持了甘梅小学、高李小学。1951年，西北民族学院在甘肃兰州创办不久，就立即在西北五省少数民族地区招生。作为甘肃的特有民族，保安族中有30多位青年有幸成为保安族历史上的第一批“天之骄子”。他们经过一年、三年、六年不等的干训班、预科、专科、本科学习，毕业后大部分被分配到临夏地区的政府机关部门工作，成为保安族的精英。随后，1952年新建大墩小学；1958年新建袁家小学、吹麻滩中学；1962年新建甘河滩小学；1966年新建团结小学；1968年刘集小学附设初中班，1971年分出初中班，成立刘集中学；1971年在甘梅小学附设了初中班；1975年新建斜套小学；1979年成立了“临夏县保安族中学”。到1981年积石山县成立时，保安族聚居区有2所中学、2所附设初中班小学、9所小学。据不完全统计，1958年保安族在校学生664人，到1981年自治县成立时，保安族在校学生达701人。

积石山保安族东乡族撒拉族自治县成立后，出台了一系列发展少

图 25 大河家保安族中学（拍摄 丁生智）

数民族教育的优惠政策，教育投资不断增加，学校硬件不断改善，教学质量不断提高，保安族的教育得到长足的发展和进步。社会上也兴起集资办学、助学风气，使办学条件不断改善。特别是进入 20 世纪 90 年代，国家实施科教兴国战略和西部大开发战略，甘肃省把自治县列入扶贫攻坚的少数民族重点县，加大了教育投资力度，先后实施了“春蕾计划”项目、“爱德项目”、第一期“国家贫困地区义务教育工程”项目、第二期“国家贫困地区义务教育工程”项目、“侨资项目”、“国家农村寄宿制学校建设项目”、“农村中小学现代远程教育项目”、中华科学交流基金会“春雨工程”等项目。据不完全统计，“一期义教”工程总投资达 1039.4 万元，建筑面积 24619 平方米，维修和改扩建学校 54 所；“二期义教”项目改扩建学校 7 所，校舍建筑面积 2069 平方米；“侨资项目”改扩建学校 20 所，建筑面积 7102 平方米；“国家农村寄宿制学校建设工程项目”总投资 2959 万元，完成保安族中学、乩藏中学，刘集、吹麻滩、居集、安集、银川初级中学改扩建和高关寄宿制初级中学的新建；其他项目改扩建学校 22 所，建筑面积 10020平方米。2006 年共实施危房改造及扩建教室项目学校 41 所，建

筑面积10362平方米，总投资 590.96 万元。“农村中小学现代远程教育项目”投资 205.8 万元，为积石山县建成模式一学校（教学光盘播放点）34 个，模式二学校（教学光盘播放点加卫星教学收视点）66 个，模式三学校（教学光盘播放点加卫星教学收视点加计算机教室）6 个。中华科学交流基金会设立的“春雨工程”为积石山县保安族中学、吹麻滩初级中学和吹麻滩小学援助 30 万元，县配 18 万元，装备了计算机教室 3 个，装机 126 台。在吹麻滩中学和高关初级中学装备6 个标准化实验室。2007 年，全县各级各类学校达到 185 所，其中独立高中 1 所，完全中学 2 所，初级中学 6 所，小学 172 所（其中教学点 34 个），教师进修学校 1 所，幼儿园 2 所，职教中心 1 个。总占地面积 77.3 万平方米，校舍建筑面积达到 18.7 万平方米。

经过扶持发展，保安族聚居区的学校硬件设施得到极大改善，面貌焕然一新，校舍建筑成了农村一道亮丽的风景线。保安族聚居区现有吹麻滩中学、保安族中学两所高级中学，吹麻滩初级中学、刘集初级中学、高关初级中学 3 所初级中学和大墩保安族小学、梅坡保安族中心小学、甘河滩保安族小学、大河家小学、高李保安族春蕾小学等十多所小学。

图 26　梅坡保安族中心小学（拍摄　丁生智）

三、民族文化素质不断提高

党和政府一系列发展少数民族教育的优惠政策。如 1982 年开始对保安族和其他少数民族学生实行“免学费、免书费”的两免政策；在全省高考分数线上对保安族学生降低段录取；在保安族中学设“民族班”，对包括保安族的少数民族学生给予生活补助；在甘梅小学开设寄宿制班；等等。这些优惠政策大大激发了保安族群众送子女上学的积极性，也极大地促进了保安族教育的发展。

在中国共产党民族政策的光辉照耀下，保安族教育迅速发展，人民文化素质不断提高，民族教育事业取得了丰硕的成果。1990 年，保安族在校小学生达到 983 人，中学生达到 265 人，适龄儿童入学率达 80%，巩固率、毕业率均在 90%以上。保安族专任教师 31 名，其中中学教师 11 名，小学教师 20 名。2010 年，保安族在校小学生达到 9314 人,初中生 2335 人，高中生 769 人。适龄儿童入学率达 98.45%，女童入学率达 97.81%，适龄少年入学率达 96.5%。保安族专任教师 204 名，其中中学教师 89 名，小学教师 115 名。1981～2007 年，共有 590 名保安族学生考入大中专院校，大专以上的 149 名，高中中专 67 名,初中中专 379 名。据 1982 年第三次全国人口普查资料，保安族人口中，大学生（包括大专）只有 22 人，高中生（包括中专）只有 188 人,初中生只有 467 人，小学生 1145 人，分别占保安族人口的 0.24%、2.18%、5.18%和 12.6%。但到 2010 年第六次全国人口普查时，发生了很大变化。大学生（包括大专）384 人，高中生（包括中专）769 人,初中生 2335 人，小学生 9314 人，分别占保安族人口的 2.11%、4.23%、12.85%和 51.26%。保安族人口的文化素质有了很大的提高。

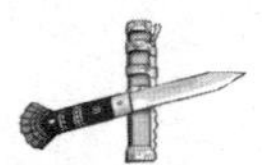

四、整体文化素质提高任重道远

新中国成立后，保安族教育事业得到了迅速发展，但民族整体文化素质仍然比较低，文盲和半文盲人口仍占有一定比例。造成这一现象的原因是多方面的。首先，保安族聚居的积石山县是国列贫困县，经济发展水平低，文化教育事业相对落后。保安族人口整体文化素质水平不高与积石山县的基本发展状况是分不开的。其次，受家庭的影响，保安族重视以清真寺为中心的传统的经堂教育，许多保安族人愿意将孩子送到清真寺接受以宗教知识为主的经堂教育，因此在一定程度上经堂教育代替了文化教育。再次，保安族传统的生产方式及相对封闭的社会环境，客观上影响了保安族文化教育的发展。由于传统农业和手工业生产方式对劳动者文化素质的要求并不高，所以学习文化知识对一部分保安族人来说显得并不十分迫切。落后的生产力水平和生产方式是制约保安族人口文化素质提高的重要因素之一。最后，受传统观念影响，保安族人中重男轻女的思想比较严重，许多女孩子不能入校接受文化教育，导致保安族人口中女性人口文化素质远远低于男性人口。

根据 2010 年第六次全国人口普查统计，保安族具有高中以上学历的人口为 1159 人，仅占总人口的 5.77％。

第四章

婚姻家庭

婚姻对保安族人有着非常重要的意义，在“结婚是主命”的乡土社会中，结婚是一个普遍的话题。老人询问年轻人是否结婚，表达的是对他们的关切。是否结婚意味着生活的现状，没有结婚的人，在长辈的眼中还没有长大，不懂得生活的意义，不承担家庭的担子。结了婚的人就不一样了，建立独立的家庭，担负家庭的责任和义务，在各种人情世故的场合中，努力体现各自的位置与面子。“男大当婚、女大当嫁”是内化在人们思想观念中的婚姻理念。

对于保安族而言，“结婚”还有宗教层面的精神内涵。众所周知，保安族是全民信仰伊斯兰教的民族，在《古兰经》和《圣训》中都有这样的规定，婚姻是“瓦直卜”（义务）和“逊奈”（圣行），即婚姻是每个穆斯林的义务，并且是先贤圣人的德行。著名的伊斯兰学者王岱舆曾指出：“是故正教结婚，乃真主明命，违此者逆矣。”这样就更加清晰地表达了婚姻对于穆斯林民族的神圣含义。在保安族人看来，结婚是主命，是遵圣行，儿女的婚事是父母的担子，不卸是不行的，家里的儿女没有结婚，你的责任没有完成，心里放不哈（下）。孩子成婚后，乡邻和亲戚朋友就会恭喜其父母“担子卸了”。

保安族人对结婚的重视还体现在以结婚为标准对人的称谓上。未

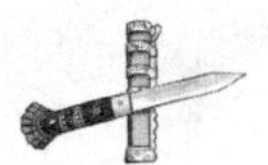

婚的男性一般被称为“尕娃”或经名等，结了婚的男性则是“掌柜的”。未婚的女性被称为“尕妮哈”、“丫头”等，结了婚的女性就是“新姐”。未成年或未婚的男女在保安族的村落中，村民多用“说媳妇”和“给婆家”来表达择偶选择，这两个动宾短语有性别的差异和各自的深意。换言之，对于年轻男性，村民会说“×××的媳妇说下了”，意思就是此人与一位女孩已有婚约；对于年轻女性，村民的话语则是“×××的妮哈给下婆家了”，与前者意义相同。

保安族人初婚年龄都比较小，男性大多在二十岁左右结婚，而女性是在十六七岁结婚者居多。女孩在十五岁左右，男孩在十八岁左右，就到了谈婚论嫁的年龄，家人、亲戚、邻居等都会在半正式的场合中提及他们的婚事。没有说媳妇和给下婆家的子女，是全家人的责任，家长和亲朋就各显其能，积极为其寻求配偶。

第一节　传统与现代结合的婚姻缔结

保安族婚姻的缔结，体现了传统与现代的结合，它的每一道程序、每一个场面都集中典型地折射出饶有情趣的保安族文化特色。依照伊斯兰教关于婚姻的传统约束，保安族人一般不和非穆斯林通婚。但早先在青海同仁时，因除保安人居住的尕撒尔、撒尔塔大庄、保安城等地外，方圆几十里信仰伊斯兰教的居民很少，因此不得不娶当地藏、土、汉等民族的女人为妻，但娶进来后必须改信伊斯兰教。迁居积石山后，与回、撒拉、东乡等信仰伊斯兰教的民族通婚，通婚范围比以前扩大了。随着社会的发展和保安族人民生活水平的提高，婚姻缔结中也加入了许多现代因素，如自由恋爱的出现、彩礼和嫁妆的构成等。

一、程序严格的婚约

保安族人认为婚姻缔结神圣而重大，对结婚非常慎重，从婚约的形成到结婚都有严格复杂的程序。以前，保安族的婚姻多由父母包办，媒人说合。而现今父母包办的现象虽较以前少了，但仍沿袭托媒订婚习俗，即使青梅竹马，情投意合，也要先向父母说明自己的愿望，由父母请媒说亲。在保安人看来，没有媒人的婚姻是不成立的。保安族人缔结婚约都必须经过提亲、定亲与下聘礼这三道重要程序。

提亲 小伙子或家人看中姑娘后，首先请媒人去征询姑娘父母的意见，陈述小伙子的人品、长相及家里的门风、经济条件等状况。如果女方家的父母等主要成员表示可以考虑，便可商定日子，男方在媒人陪同下去女方家相亲。在过去，相亲时男女双方当事人的意愿并不重要，甚至不能大胆地观察对方，更不能互相交谈，只要双方父母或舅舅同意，就算相亲成功。现在，相亲作为婚俗虽依然要进行，但其中当事人的自主成分正在增多。在不少家庭中，如果子女经劝说实在不情愿，父母一般也会做出让步。婚姻的程序也正在由父母同意→定亲→结婚的全包办形式，向父母同意→恋爱→订婚→结婚的模式转变，在部分青年中，已经出现了自由恋爱，然后请父母同意，再履行传统婚俗手续的。

相亲之后，男女青年要向父母说明自己的意愿，由父母出面请媒人探听对方父母及本人的意见，如双方同意，再商议定亲事宜。

定亲 保安族人认为定亲纳聘是“弗勒责”（即天命），所以在提亲之后还要郑重地定亲。定亲分为送“定茶”和“认亲”两个环节。双方决定结亲之后，男方家里便要准备上好茯茶一块、“四色礼”一份、衣料一件，由媒人送到女方家去，叫送“定茶”。届时，女方若改变主意不想结亲，可将“定茶”送回男家表示拒绝。接受了“定茶”

之后，男方家长还要亲自去女家拜访，女方要热情接待，彼此说些客气话，这就叫做“认亲”。接受了“定茶”的姑娘意味着已经订婚，就不准再相亲了，也不能再到山野里对唱花儿。定亲之后一直到结婚之前，每逢斋月和尔德节，男方都要给女方家送些礼物。一年一度的新粮丰收后，男方也要拿些到女方家去让其尝新。这些习俗在以往具有很强的规范性，谁家要是违反了，就会受到指责和耻笑。随着保安族地区经济文化的快速发展，“定茶”的内容也发生了变化，质量也在不断提高。

下聘礼 也叫“送彩礼”。定亲之后，过一段时间，男方就要准备聘礼。这段时间的长短，取决于双方年龄的大小和男方家经济条件的好坏，一般送聘礼都在定亲后的1～3年。当双方家长认为条件成熟时，便由女方家长首先和媒人商定聘礼的数量、样式，然后由媒人通知男方家。保安族一般没有大要聘礼的习惯，聘礼都比较简单朴素。而且，如果男方家认为聘礼要得过多，而自己又经济困难，难以满足，可托媒人重新与女方家长协商，直至双方满意后，男方便按商定之项逐一办理。

在保安族婚俗中，送聘礼是结婚前最后一项也是最重要的一项仪式。聘礼的内容主要有麦海尔（聘金）、盖头、衣料、羊肉、鞋、手镯、化妆品等。聘礼齐备之后，在双方选定的良辰吉日，男方选派本家兄弟三四人，由媒人带领携礼前往女家。随着生活水平的提高，聘礼的数量和种类都有所变化，现代多为家具、家用电器、金银首饰等。女方接受男方聘礼，要隆重招待，女方的兄弟们要在大门口迎接，然后由女方亲族“叫客”，即请男方送聘礼的客人吃饭，“叫客”的人越多，表示女方亲族越多、关系越融洽。“叫客”之后，由女方家隆重接待客人，一般要宰羊、炸油香，准备核桃、瓜子、红枣、冰糖、桂圆等八色干果。送聘礼的客人一般都至晚方归。送过聘礼之后，才能选择婚期并商定婚礼诸事宜。

二、婚礼中庄严的宗教仪式

保安族的婚礼大多选在星期五（即伊斯兰教“主麻”日）或农历三、六、九等吉日举行，一般进行三天。他们的婚礼分为娶亲、送亲、闹宴席三个部分，整个过程充满喜庆色彩。婚礼进行中有一个庄严神圣的宗教仪式，即举行“尼卡哈”（即证婚祝福）。新郎到女方家后，先由媒人领着新郎和伴郎向新娘的长辈们一一道“赛俩目”（问安之意）。之后请阿訇及长辈坐在炕上，新郎和伴郎跪在炕沿下，新娘则必须躲在其他房间不露面，然后“尼卡哈”仪式正式举行。先由新娘父亲直呼新郎的经名，正式宣布将女儿许配给新郎。如说：“阿卜都，我的阿西亚聘给你了。”新郎则大声说：“我承领。”随后，阿訇询问男女双方是否同意结为夫妻，对此，新郎需亲自回答，新娘则由父母代答。得到确定的回答后，阿訇吟诵《古兰经》中的“尼卡哈”证婚并表示赞美祝福。念毕后，阿訇将双方事先准备的红枣、核桃、花生、水果糖等从窗口抛向庭院，象征婚姻美满、早生贵子、白头偕老、吉祥如意。喜欢热闹的小伙子和姑娘们一哄而上，争抢这象征爱情和幸福的食品，气氛欢乐热闹。然后便设宴招待娶亲人。

三、充满情趣的婚礼插曲

保安族的婚礼隆重而热闹非凡，男女长幼共喜同乐，有“三天无大小”之说。在婚礼过程中有四个小插曲非常富有情趣。

窃窃私语话“扎科”　在婚礼的前一晚上，新娘要进行一个保安语叫“扎科”的活动，即邀请本村要好的女伴共同度过一个难忘的夜晚。这是一个非常独特和富有情趣的活动，姑娘们聚在一起，一边享用着新娘家的糖果、瓜子、饭菜等，一边共话成长过程中的喜怒哀乐和友情，并在闺房中唱歌、跳舞、讲故事、嬉闹，一直到天亮，陪伴

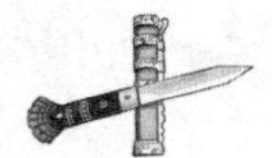

新娘度过娘家的最后一个夜晚，让新娘记住姑娘时代的美好岁月。

你推我挡迎新娘　保安族男方迎接新娘很有意思。婚礼当天一大早，新郎穿上喜庆日子才穿的加彩边的翻领大襟长袍，束上带流苏的腰带，足蹬高筒靴，挎上保安腰刀，骑上披红挂绿的马，同迎亲马队一起由媒人引导前往女方家娶亲。当新娘离家时，送亲的人携带新娘的嫁妆先行出门。而新娘则哭声大动，由本家庭中年龄较大的一位妇女左手扶着新娘，右手托着一只盛着五色粮食（麦、豆、玉米、青稞、小米）和茯茶的盘子，让新娘边走边向后抛撒，直到走出娘家，表示把吉祥和幸福留给父母、姐妹和弟兄。出了娘家门，新娘头盖色泽艳丽的面纱，身披大红毯子，被扶上马，由送亲的人前呼后拥一道去新郎家。在离新娘家不远的地方，新郎村里的小伙子们等候着新娘和送亲客人。等新娘和送亲人一到，小伙子们就一哄而上，鞭炮齐鸣，千方百计阻挡新娘和送亲客人，目的是要让新娘的哥哥或其他亲属把新娘抱起，从等候地点抱进新郎家的大门。抱得远，表示小伙子们占了上风；抱得近，说明送亲的人占了上风。如果小伙子们阻挡不住，让新娘和送亲人连人带马冲进新郎家门，那就算小伙子们输了。如此你挡我冲一阵后，由新娘的哥哥抱新娘进大门入洞房。接着，是“亮嫁妆”也叫摆针线。新娘入洞房后，送亲人将嫁妆和新娘给新郎及其长辈、兄弟姐妹做的鞋（抬鞋）摆放在院中，让大家欣赏新娘的针线，然后把鞋分送给新郎及家人。男方则要象征性地送些“抬鞋”钱。

软硬兼施要“奴工木哈钱”　在招待娶亲人时，会有一个十分有趣和热闹的习俗，即女方亲友和村上的小伙子们向娶亲人要“奴工木哈钱”（意为买羊羔的钱）。若娶亲人不满足他们的要求，年轻人们就要用棉花、羊毛蘸锅底灰涂抹娶亲人的脸，嬉闹取乐，直到满足他们的要求为止。陪姑也同样受妇女和姑娘们索要梳妆钱的嬉闹。在娶亲人离开之际，小伙子们还要拳打脚踢他们，据说这种别开生面的“送

图 27 喜迎新娘（拍摄 丁生智）

客”仪式，是为了让新郎新娘未来的子女们能够认舅舅。即使这种嬉闹有点过火，客人们也只准高兴，不许变脸，否则将视为不吉。娶亲人待女方家送亲队伍出门时，将带来的马留给新娘，然后先回本村报告新郎家准备迎亲。娶亲人离开女方家时，小伙子们还要向媒人要一只买羊羔的钱，以便当晚吃一顿“手抓”羊肉。媒人故意不出钱或者少出钱，小伙子们嫌少了不答应，有时将媒人的鞋袜脱光，在冰雪地上或泥水里拉着跑。这样折腾一阵，直至媒人拿出买羊羔钱，小伙子们一声欢呼，这场嬉闹才结束。

没大没小“耍公公” 如果结婚的男女双方同村，女方的部分小伙子要随娶亲人到男方家，把新郎的父亲精心“打扮”一番，给他戴上破帽子、穿上翻皮袄、挂上大红枣做的耳坠，然后由许多小伙子用一根木棍抬到女方家的院中坐下。这时女方的父亲必须出来和亲家互致“赛俩目”，新郎父亲一般故意装出很生气的样子说：“太阳快下山了，你为什么还不快快把女儿送过来?”小伙子们听到这里就一起喊

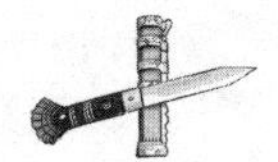

“打”，并一拥而上把新娘父亲按倒在地，让新郎的父亲打。新郎父亲重举轻打，象征性地打几下就在小伙子们的簇拥下离开女方家。新娘入洞房后，村里的年轻人把新郎的母亲请出来，坐在院中的板凳上，而让新郎的父亲趴在板凳上，令婆婆“打公公”。据说“打公公”的习俗是过去由于保安族妇女平时在家得不到丈夫的尊重，现儿媳妇进门，新郎的母亲该当婆婆了，从而警告丈夫从此要对自己加以尊重。

四、晚会式的篝火婚宴

保安族人的婚礼宴席也很隆重热闹，一般由转客、宴席、篝火闹宴席、吃重席等程序组成。

转客　亮完嫁妆后，送亲的人都要被新郎的宗族亲房请去，名曰“转客”，最少要转三四家，多则要转八九家。“转客”是男方向女方展示家族团结的好机会，转得越多，越显得新郎家家族之大及好客。“转客”的送亲人在各家都只是象征性地吃一点。新娘虽然也可以同女陪客一起“转客”，但一般不吃饭，只能在厨房里坐一会儿。在认亲的过程中，盛装的新娘第一次在亲戚、村人面前展示自己的形象。新娘一般前三日不食婆家饭菜，饭食由娘家送来，以示娘家父母对女儿的关怀和女儿对娘家养育之恩的思念。很早以前，保安族姑娘出嫁前还要唱“出嫁歌”，其内容多为惜别父母亲友，告别姑娘时代的自由，数落媒人的花言巧语，宣泄婚姻不能自主的哀怨。现在，保安族姑娘的社会地位提高了，对自己的婚事也有了一定自主权，出嫁时也不再唱“出嫁歌”了。

宴席　“转客”之后，送亲的人才正式在男方家吃宴席。保安族遵照伊斯兰教义忌饮酒，宴席上也不摆放酒和酒具，但宴席十分丰盛，也比较考究。客人入席后，首先沏上三泡台盖碗茶，端上八宝干果，

图28　转客（提供　丁生智）

然后是油香、馓子、糖包、肉包、花卷烩菜，最后还有八碗热菜和一盆汤。新郎要逐席致意，表示尊重和感谢。此时，双方小伙子争相牵出好马，在附近平坦处赛马，一来为喜事助兴，二来比试骑术。

正当送亲人吃宴席时，村里的小伙子们将新郎的父母、叔婶、哥嫂等拉到庭院中，在其脸上抹上锅底灰等进行打扮后，与送亲人一一相认，诙谐幽默，情趣无比。之后。小伙子们将新郎的父亲拉出大门，开始“耍公公”，他们让新娘的公公倒骑毛驴嬉闹，直至尽兴。

篝火闹宴席　这是保安族婚礼中一个十分独特和热闹的场面，也是婚礼的高潮。太阳尚未落尽，院里就张灯结彩，新郎家就荡起了孩子们“樘樃来！樘樃来！歪寸来！歪寸来！”（拿柴草来之意）的呼声，待准备好柴草，便在院中燃起篝火。人们用大铜壶熬上茯茶，大家边喝茶边唱起悠扬动听的宴席曲。宴席曲是保安族婚礼中颇有趣味的重

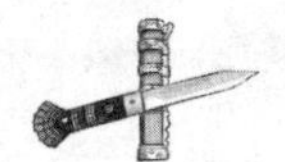

要组成部分，喜庆色彩极为浓厚。全村几乎所有的人都来听曲，分享欢快和幸福。开始时，大多由人们公认的“唱把式”（即歌手）领唱一些传统的表示恭喜、祝贺、赞美、祝福的曲子，内容涉及历史大事、英雄人物、对善良真诚的赞颂等。唱到高兴之处，小伙子会和着节拍载歌载舞，舞步节奏明快，歌声昂扬豪放，气氛热烈欢快。活动临近尾声时，小伙子都起身参与歌舞，唱起“讨喜曲”，这时，主人要以红枣、核桃等食品招待大家，互道喜庆吉利的话语，待“讨喜曲”唱完，闹喜宴也就到此结束。一些调皮活跃的小伙子还要躲在新房的窗下偷听新郎新娘的悄悄话。

吃重席　婚礼的第二天，新郎家中还要继续宴请女方的母亲、舅舅、伯父等亲戚，叫“吃重席”。这天一早，新郎和伴郎到女方长辈各家，邀请他们去吃重席。新娘家吃重席的人带着礼品来到新郎家，吃过“下马茶”后，去新郎的宗族亲房家“转客”，然后正式在男方家吃宴席。宴席接近尾声时，由男方长辈出面给新娘的母亲“抬钱”，新娘母亲只象征性拿一些，其余的推辞不受。另外男方还得给新娘的舅舅抬“牛背子”（即连着牛尾巴的牛后背，有四十斤重）。之后，双方彼此道喜祝福，说一些客气话道别。

回门　第三天是婚礼的最后一天，新郎的姐姐、嫂嫂、婶婶等陪同新郎、新娘到女方家“回门”。到女方家后，照例先逐家“转客”，然后吃宴席。“回门”结束前，新郎想方设法从女方家偷回一副碗筷，象征偷回了新娘的饭碗。回门结束后回到家中，新娘要亲自下厨，擀面切面条，请邻里、亲属和家人品尝，展示自己的厨艺，称“吃试刀面”。至此，婚礼仪式才算全部结束。

第二节　浓厚伊斯兰色彩的丧葬仪式

保安族信仰伊斯兰教，丧葬习俗严格遵循着伊斯兰教规定的土葬、薄葬和速葬的基本要求。伊斯兰教认为，人是由大地的“土”造化成的，死后也应融化于土，复归于土。死后归土就是返本还原。

一、入土为安的丧葬仪则

保安族实行土葬，“亡人以入土为安”、“亡人奔土如奔金”，忌火葬，土葬也不用棺椁。保安族以速葬为上，晨亡午葬，如来不及葬，也只能在家停放一夜，如遇特殊情况，最晚不能超过三天。为达到速葬的目的，还遵循“天下黄土皆可葬人”、死在哪里就葬在哪里的原则，不长途运尸回乡埋葬，也不强调亡人必须回故乡与祖宗埋葬在一起。

保安族遵循伊斯兰教薄葬要求，葬事从俭，不搞繁文缛节，不讲究任何排场。认为人生下来就是赤身空拳、一无所有，亡故入土，也应赤身回归安拉。在待葬和葬礼期间，禁止号啕大哭，禁止喧哗、宴客、送花圈帐联、放鞭炮、奏乐，禁止设灵位、挂遗像，也不摆设祭祀台和供品等。

二、民族特色的殡葬仪式

保安族的殡葬仪式既遵循伊斯兰教仪规，又有民族特点。病人弥留之际要请阿訇或有威望、懂经文的人念“讨白”（忏悔词），向安拉悔罪。咽气后，由守护者为其瞑目、合嘴、顺手足，将亡人放在专用的“水床”上“抓水”（净尸）。“抓水”后，包在缝制好的“卡凡”（尸衣）中，停厝院内或清真寺里。“卡凡”由大中小三块白色棉布组成，男人用布990厘米，女人1089厘米。然后移入“塔布提”（存放于清真寺的公共抬尸匣），举行简短的殡礼。由阿訇、亡人亲属与前来送葬的亲朋好友和村民一道站“者那则”（即宗教祈祷），代亡人拜主、祈祷，让亡人脱尘归主。礼毕，由亲友、邻里将尸体抬往墓地安葬。

本村人及邻里都主动送葬，或轮流抬亡人到墓地，认为这是一种善行。

保安族人的墓穴一般深约 2 米，长 2 米，宽 1 米，离墓基 1 尺依西穿穴，掏一“偏堂”，置遗体于内。头枕北，足南，面西。用土坯堵严“偏堂”，再用土填满直坑，冢起则礼成。禁止大兴土木建造陵墓，也不建造屋宇于墓上。送葬时，亡人亲族和亲戚中的小辈或同辈中年龄比亡人小者要戴孝，男人头戴白号帽，女人头缠白布带。亡人家属给所有送葬的人施散“海底耶”（阿拉伯语，意为“钱物”），视经济能力，钱数不定。亡人的遗物分送给阿訇、亲人及困难人或遵遗嘱处理。

葬后，请阿訇早晚上“麦匝”诵经，持续时间一般“一七”或“三七”不等。葬后第三天是一个比较重要的忌日，要请阿訇在家念经，还要给所有曾来送葬的人送去油香，给本村各家送去煮好的“麦仁”。以后每七天请阿訇念经，直至“七七”。百天和周年也是重要的忌日，一般都要请阿訇念经，祭奠亡人。

第三节　独特的家庭习俗

一、与宗教教义密切相连的饮食和礼仪

保安族人民的饮食和礼仪大都受到伊斯兰宗教教义的影响。在饮食上绝对禁吃猪、狗、马、驴、骡肉及其他自死禽畜或非穆斯林屠宰的动物。同时，对异形状、凶猛暴残、瓜利锋锐的飞禽、兽类亦在禁忌之列。用餐前，按照保安族的规矩，必须由一名年长的老人或家庭主人默念一段《古兰经》文，意思是感谢真主赐给了我们食物。之后，才能动手就餐。同时，保安族非常尊重阿訇，在宗教节日或喜庆、忌日宴席上，首先把上好的食物献给阿訇。也非常尊敬长者，忌子女不

孝，长幼无序，吃饭要让长辈先吃。

保安族是一个热情好客的民族，有客自远方来，都会受到热情款待。款待时要拿出家中最好的食物，客人满意了，主人才高兴。客人到家，首先要把客人让到上座，然后先端茶，再上食物。如果是馍、饼之类的主食，由主人先掰开，然后让客人取食。一般是一顿饭上三道饭菜：第一道是大饼或馒头，第二道是手抓羊肉或鸡肉，最后一道精制的细丝面条才是正餐。在与客人谈话时，不能左顾右盼，不能玩弄胡须，更不能伸懒腰、打哈欠。到保安族人家中做客，不能进厨房、女人的卧室，不许坐在门槛上，尤其是女人，更不能坐门槛等。

保安族是个讲究礼貌、礼仪的民族，本民族和其他穆斯林民族相见，要先致“赛俩目”（意为问候祝安）。出门在外的亲朋、晚辈，在写信时，也都加有“代赛俩目问候”一句。年轻人见到长辈还要鞠躬。保安族注重邻里友善，视和睦团结为民族生存的根本。保安族讲究礼仪的最大特点是好客。当客人到来时，不仅尽其心力，以干鲜果品、茶点、手抓羊肉、鸡肉等佳肴款待，而且要在门外迎接。

二、从联合大家庭到核心小家庭的转变

保安族人民的生活习俗明显受到伊斯兰教教规的约束。同时，也由于历史上与邻近兄弟民族长期杂居，在一定程度上又受到外族文化，特别是汉、回民族的影响。传统的保安族家庭多为家长制的大家庭，一个家庭往往 3～4 代同堂。家庭内父母、丈夫的权力很大，妻子的地位较低。长辈是家庭最高权力的支配者，任何人都得服从。夫妻之间以丈夫的意志为主。舅父的权力在保安族家庭中占有一定位置，特别是对外甥的婚姻有决定权。

图 29　传统大家庭（提供　丁生智）

在传统大家庭里，妇女在家庭中的地位从属于男人，有“天是一大天，丈夫是一小天”的说法。妇女处理重要事情要向丈夫讨“口唤”（征得同意）；妇女承担着繁重的家务和农业劳动；当夫妻不和睦时，只要丈夫连说三遍“我不要你了”就算离婚。妇女没有主动离婚权。离婚后的妇女可以再嫁，俗称“先嫁由父母，后嫁由自己”。妇女没有财产继承权。这种传统大家庭存在的基础，主要是由于生产力水平低下的社会经济因素所致。现在，随着经济社会的发展，传统大家庭已完全被一夫一妻制的小家庭所取代。妇女在家庭中的地位有所提高，丈夫外出打工做活，由妇女在家中做主。赡养老人、培育子女，承担家务和农务。妇女成为保安族社会、家庭中的主要人物，婚姻权也有了保障。

第五章

民族经济与生产

保安族以农业生产为主，部分人兼营手工业和副业。他们的农业生产在东迁前已见诸记载，至清雍正初年，保安、撒拉地区，凡有成熟之地，久为恒产。东迁后学习汉、回等族生产技术，耕作采用豆、麦倒茬轮歇制，使用先进的生产工具等，开始大量种植小麦。新中国成立前，保安族的农作物主要有小麦、大麦、豆类、洋芋、荞麦、胡麻、大黄芥和小辣芦等。手工业以打刀为主，被称为“保安刀”，有 100 多年的历史。

新中国成立后，保安族获得了民族平等和自治权利。六十多年来，政治、经济、文化等方面发生了深刻变化。如今的大河家、刘集一带，水利事业逐年发展，水浇田由新中国成立初期的数百亩发展到近万亩；兴办了一批乡、队企业，“保安刀”的产量迅速增长；沿山坡栽种了大片榆、柳以及花椒、核桃等经济果木；建立了学校，现在中小学在校生超过新中国成立前 16 倍以上。特别是中国共产党第十一届三中全会以来，农业生产发展很快，农村集市贸易活跃，人民生活水平不断提高。

第一节　传统工艺获新生

一、保安腰刀闯天下

说起保安族，人们会很自然地想起保安腰刀，保安腰刀几乎已经成了保安族的代名词。保安族民歌中唱道："什样锦把子的钢刀子，银子（啦）包下的鞘子；青铜打下的尕镊子，戴上是格外有样子……"保安腰刀匠人的由来有许多传奇的故事和传说。相传，在南宋时期，保安族先民铁匠们，在一座宋军驻守的城门外开设铁匠铺。那个时代，在中国的境内并存着南宋、西辽、蒙古、金朝、西夏、大理六个政权，它们之间的残酷战争长年不断，宋军认为，铁匠们在城门口打制农具和刀具不安全，就派兵驱赶铁匠们。铁匠们说："我们安分守己给百姓们打制日用品，没挡你们的路，为什么赶我们？"发生争吵后就与宋军打起来了，铁匠们手劲大，且有工具，就一锤打瞎了一个宋兵军官的眼睛，然后骑马跑了几天，来到了蒙古军驻守的一座城门口，蒙古守军一听来的是铁匠，就十分欢迎。因为，蒙古军人都来自草原部族，缺乏各种工匠，就让他们在城内开铁匠铺。后来，因为手艺好，被元朝编入军户，为他们打制骑兵套具和兵器，随后就跟着元朝军队来到保安地方定居了。这个故事从另一侧面反映出保安族亦兵亦匠的历史。

保安腰刀是保安族优秀的传统工艺品，与新疆的英吉沙小刀、云南阿昌族的户撒刀并称为"中国少数民族三大名刀"，享誉中外，闻名遐迩。2006 年 6 月，保安族腰刀锻制技艺被列为第一批国家级非物质文化遗产名录。

保安腰刀的由来充满着强烈的战争气息和神秘感。元末诗人张宪的一首诗写道："唐人宝刀夸大食，于今利器称米昔。十年土涮松纹

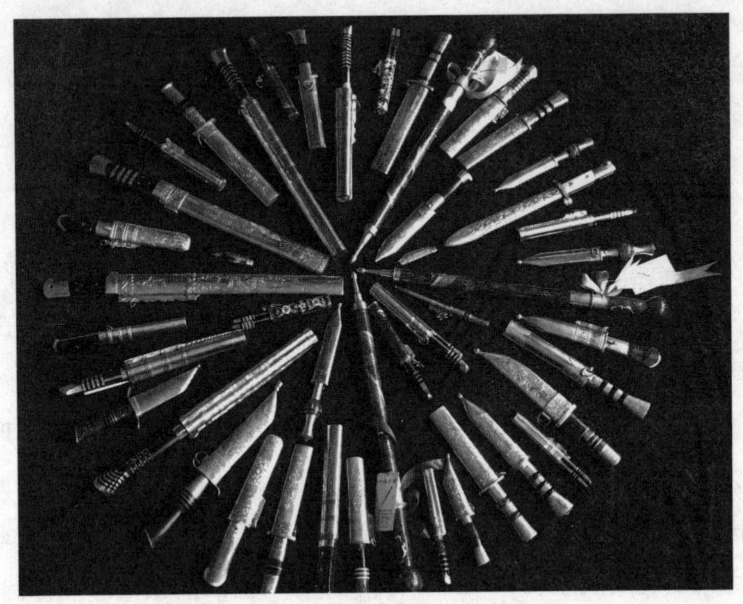

图 30 保安腰刀（拍摄 丁生智）

生，戎王造时当月蚀。”诗中被称为“米昔”的利器是元人曾用过的一种半月形弯刀。这种刀曾流行于西亚、中亚等地，奥斯曼帝国崛起后，它又以便于马上劈杀和挑刺而被奥斯曼帝国的骑兵们所接受，成为奥斯曼人在沙场上所向披靡的利器。元末明初，古老的中原大地上出现了能和西域“米昔刀”相媲美的“保安腰刀”。保安腰刀以其和米昔刀相似的工艺，不相上下的质量，众多的品种而成为剽悍的元朝骑兵的马上利器，随着蒙古马轰隆作响的马蹄而闪耀了所有武士的眼睛。保安腰刀所体现的，不仅是其锋利坚韧的品质，还有数百年传承的精湛技艺和刀身上所蕴含的悠久浓郁的伊斯兰文化。

保安人打制腰刀的历史久远，保安腰刀的出现与元代的军事活动密切相关，也与保安族的历史密切相关。可以说，保安族的历史就是一部腰刀的发展史。800 多年前，保安人的祖先就为元军打制刀具，那些作战刀具应该是“保安腰刀”的雏形。保安族迁徙到大河家以后，

受生活条件的影响，他们自己制作的腰刀在用以自卫的同时也具有了商品的性质，于是保安族开始用腰刀交换牧民的牛羊和其他日常用品。

保安腰刀虽然和军事活动密切相关，但在没有狼烟四起，只有歌舞升平的年代，打制保安腰刀依旧是保安人重要的经济活动之一。长期以来，保安族腰刀锻制技艺一直是维系整个保安族生存的重要手段，也是保安族经济文化的命脉。改革开放后，保安人重点发展民族手工产品，集中高技艺工匠，引进新型设备，开办刀具厂，批量生产刀具，同时又在工艺上不断推陈出新，相继出现“什样锦”、“波日季”等多个品种，将保安腰刀的研发与生产带入了一个新的时期。

保安人制作腰刀有着悠久的历史，在此过程中也诞生了许多和保安腰刀有关的传奇故事和传说。其中，“一把手”的传说在保安人中可谓是家喻户晓。传说在马步芳统治西北时期，甘肃大河家地区的保安族刀匠们为了生存，到青海、西藏等地做刀子维持生计。当时有一名保安族腰刀匠人技艺高超，在青海、西藏、四川等地区享有极高的声誉。有个地方官僚为了巴结马步芳，限令这位匠人在一个月内赶制一百把质量上乘的腰刀，不然将砍掉他的手。这位匠人早就对地方官僚欺压百姓、掠夺民财的行径恨之入骨，他傲视权贵，不畏强暴，宁死不屈。恼羞成怒的官僚残忍地砍掉了匠人的右手。从此，这位匠人再也无法做腰刀了。后来保安族刀匠们为了纪念这位英雄的前辈，便在最好看的腰刀刀面上凿刻上了一个五指并拢的“一把手”图案。现在这个图案已被原国家轻工业部定为保安腰刀出口的统一标志。

关于保安腰刀和保安族人民的关系还有一个神奇的传说，说的是保安族人民在青海同仁保安三庄居住时发生的故事：

在很早很早的时候，保安城有三个庄子，名叫保安庄、上庄、下庄。三个庄上居住着汉、藏、保安、土四个民族。因为保安族来这里最早，人口也较多，这三个庄就统称保安三庄，各族兄弟喝的是一道

图 31　保安族腰刀锻制技艺的代表性传承人：马维维（提供　施晓亮）

河里流来的水，吃的是一块土地上长出的粮，和睦共处，就像一家人一样。

俗话常说："奶子里掺了血喝不得，地方上有了坏人安宁不得。"保安城里有一家姓田的大财主，是个狼心狗肺的坏蛋。有一年春天，正是青黄不接的时候，下庄的一位叫开吉尔的保安族兄弟，因为家里生活困难，就将自己祖传的一把"什样锦"腰刀拿到保安城里先当上点青稞糊口，打算等麦收后再赎回来。当开吉尔拿着"什样锦"到城里大街上时，没想到恰好遇到了田财主，田财主一见这把刀顿起歹心，就皮笑肉不笑地说："开吉尔，你手里的这把小刀，是我家前些年丢失的那一把。当年为这把刀差点把我想疯了，没想到今天在你的手里看到了。快把刀还给我，不然我给你传出去，名声不好啊！"

开吉尔听了大吃一惊，说："田财主，我这刀是祖先从西域带回来的，你怎么信口胡言呢？"田财主说："这是我家的宝刀，确凿无疑。

刀柄上有十二种宝石，七种颜色，刀柄不长不短，三寸三分，刀口不宽不窄，一寸七分。刀光分白、青、黄三种，早上太阳升起时闪白光，中午日照当头闪青光，晚上夕阳下闪金光。不信，由众人作证，我来舞刀，若差分厘，我认输；若不差分厘，你把刀乖乖还给我，免得吃官司。”

田财主说的是真是假，开吉尔莫名其妙，但他坚信刀是自己的，不管怎么，事实是赖不掉的，就说：“好吧，有众位乡亲在场，我不怕你赖账。”这时，蓦地从人群里钻出一个人来，一把夺过刀，说：“这刀是财主爷的，和财主爷说的分厘不差，刀柄上不多不少正好有十二种宝石，七种颜色，把刀还给财主吧。”他把刀交到田财主手里。开吉尔急了，上前拦住说：“你们这是明着抢人哩！快把刀给我。”田财主说：“不信，我再叫人公断一下，我刚才说我的宝刀有三种光，现在叫你看。”他把刀在众人眼前“刷刷”挥舞，果然一道道青光从众人眼前掠过，大家一看日照中午，正好闪青光，和田财主说的实在分厘不差，田财主见众人都被他欺哄住了，就收起腰刀在几个狗腿子的护卫下扬长而去了。

这事立即传遍了保安三庄，各族穷人都气愤难平，三庄上有位年纪最大的保安族老人叫索南尔，他对众乡亲说：“田财主的心就是坏，但是，只要我们众人心齐，就能斗过他。我是庄上的长者，为这事我就拿个主意吧，让他把刀乖乖还回来。”

第二天天刚亮，田财主打开他的大铁门时，只见门上插满了保安刀，和昨天抢来开吉尔的完全一样，他又惊又喜，便双手抱住刀柄要拔下来，可是这一把把长刀，插进铁门里，就像生了根一样。他又觉得这一把把大刀插在门上，就像插进他的心窝里一样，吓得他“嗷嗷”直叫：“快来人，把这些刀拔下来，扔到山沟里去。”几个狗腿子拼命往下拔，累得死去活来，而刀却丝毫没有松动。田财主吓得六神无主，只要一闭上眼，就看见有几十把大刀直向他的两肋里插来。后来，只好将开吉尔的刀乖乖物归原主。说来也巧，就在他把开吉尔的刀送还后的当天晚上，铁门上的刀也无影无踪了。

俗话常说："恶人先告状。"不久，田财主把这事偷偷报告了隆务的大头人。头人早就听说保安腰刀四海扬名，但总是弄不到手，就对田财主说："请传话，限三天叫保安人把所有的刀都交来，过期不交我自有办法。"田财主说："他们拿我的话当耳边风，还是你自己走一趟。"于是大头人亲自带了狗腿子到保安三庄来抢刀。

索南尔老人料事如神，他和大家早有准备。当大头人和田财主进庄时，所有的乡亲们都藏了起来。大头人找不到保安人，更得不到宝刀，就命令狗腿子放火烧庄。当第一把火点起的时候，索南尔老人突然出现在大头人的面前说："你要的刀，我们早已准备好了，你要要野蛮，这刀就得不到手了。"大头人为了得到宝刀就下令灭了火。索南尔老人又高声喊道："为了我们保安人的尊严，为了三庄的乡亲，起飞吧，保安祖先留传给我们的宝刀！"

一听到索南尔老人的号令，保安人把自己身上的腰刀和挂刀，有"什样锦"，有"一道线"，有"波日季"，有"飞龙"、"丹凤"，一起掷向空中，只见三庄的上空，宝刀飞舞，刀柄上的各种宝石，放出各样光彩，像是早晨的彩霞。大头人和田财主看见那么多宝刀在天空飞舞，喊道："心爱的宝刀快下来，不然的话，我要把你们的主人杀死。"宝刀在天空飞来飞去就是不下来。大头人和田财主气急败坏，就抓住开吉尔和几个保安兄弟要杀头。这时，索南尔老人出来了，他对天空招招手说："下来吧，我们的宝贝，你们分清善恶，明判是非吧！"

听了老人的话，一把把长刀慢慢降落下来，刀尖直对着大头人和田财主的头顶刺来，把他们吓得抱头鼠窜。宝刀把这群坏蛋赶走后，

各自回到了主人的手里。

这些动人的传说故事，通过保安族刀匠制作保安腰刀所受的磨难和坎坷经历，反映了保安族人民苦难的历史，表现出了保安族坚贞不屈、刚直不阿的性格特征。

经过漫长的历史发展过程，目前保安腰刀的品类已发展到牛刀、鱼刀、腰刀、藏刀、武术刀、蒙古刀、哈萨克刀、折花刀、拐杖剑、将军剑等十多个种类，什样锦、波日季、雅吾其、双螺、满把、扁鞘、双刀等 30 多个品种，有些刀是取材于各种民族刀，如藏刀系列、蒙古刀系列、哈萨克刀系列，还有些刀源于国外，如鱼刀。保安腰刀中最有名气的是什样锦和波日季。而工艺最复杂、最神秘的是折花刀，这种刀以其刀体刚柔相济、花纹奇特、弹性好不易折断、刀刃锋利而著称。

图 32　锻造腰刀（提供　施晓亮）

保安腰刀技艺的传承多是在保安族内进行的，主要是父子相传，传男不传女，传贤不传愚，其次是亲戚、邻里之间的传承，现代的社会传承很少，轻易不肯招外族人为徒。在技艺传承上有很强的排他性、保守性、封闭性。学徒拜师学艺，一般需两三年时间。学徒出师后，如要单独经营，开炉打刀，必须得到师傅的同意，如果没有得到师傅的允许而自行开炉生产，师傅可以将其炉子打碎。

随着时代的发展，改革开放的日益深入，各民族间经济、文化交流不断频繁、密切，保安腰刀技艺的传统传承方式也有所开放，一些回、东乡、撒拉、汉等民族的群众，也从保安族工匠手里掌握了制刀技艺，加入了打制腰刀的行列。保安族人民用自己的勤奋和智慧、独特的冶铁技术和制作工艺创造了“保安腰刀”的辉煌。保安腰刀已远销青海、宁夏、新疆、四川、西藏、内蒙古、云南等省区及港澳地区，有的还远销日本、西欧、印度、沙特、尼泊尔。

二、精美刺绣放光彩

刺绣是保安族妇女非常喜爱的一项传统民间工艺，她们用精美雅致的刺绣装饰居室和服饰，甚至表达爱情，丰富自己的精神世界。有一首保安族“花儿”唱道：“青缎子鞋面（哈）斜裁上，什样锦花草（哈）绣上；阿哥（啦）坐的着地边上，好似像六月的会场。”在透露出保安族刺绣信息的同时，还表达了保安族青年男女间缠绵浪漫的爱情。

保安族传统民间刺绣品丰富多彩，主要有鞋垫、绣花鞋、绣花衣服、帽子、咪哪（少女头饰）、荷包、桌裙、床裙等。但传统的民间刺绣呈衰退趋势，珍贵的刺绣品亟待挖掘抢救。保安族民间刺绣技艺的传承主要是女承母艺、媳承婆艺。刺绣技法有错针绣、乱针绣、网绣、挑花、簇绣、布贴绣等。刺绣材料有丝绸、锦缎、棉布、五彩线等。保安族民间刺绣常见图案有梅花、兰花、菊花、竹子、龙凤、喜鹊、鸳鸯、蝴蝶等，但不绣人物图案。有些比较简单，或草或花或鸟或鱼，

独自成景；有些复合几种图案，巧妙组合，斑斓多姿；有些还根据图案的象征意义和自己的心愿，借物寄情，借花寓意，冠之吉祥、清雅的名称，如“富贵牡丹”、“花好月圆”、“鸳鸯戏水”、“蝴蝶戏牡丹”、“喜上眉梢”等。

图 33　交流技艺（提供　丁生智）

保安族民间刺绣品种类较多，但最多的是绣花枕头、绣花荷包、绣花鞋、绣花“咪哪”、绣花衣帽等。绣花枕头在民间最普遍，几乎家家都有，数量多、材料杂、技法繁，图案丰富多彩。绣花荷包是保安族的主要刺绣品之一，有三种用途：一是在端阳节时给儿童佩戴。能祛病避邪，防止蛇、蝎、蚊虫叮咬，因此年轻的母亲们在端阳节这一天把精心绣制的荷包缝在孩子的胸前背后或佩戴在脖子上。二是作为居室的装饰品。用做工考究、图案高雅、刺绣精美、配挂丝线帘子或穗子的荷包，吊挂在居室中，美化居室，别有情趣。三是作为爱情信物。心灵手巧的姑娘们常常将精心绣制的荷包送给自己的意中人，小伙子收到荷包也非常珍视，常挂在他们的内衣里贴身珍藏，不轻易拿出示人。有一首“花儿”生动地记录了这种现象：“三月清明的绿哈了，四月八立了个夏了；抓住尕手了要荷包，五月的端阳们到了。”荷包式样很多，多为吉祥形状，如十二生肖、花、鸟、鱼、虫等。一个个小巧玲珑，形象逼真，再配上丝线帘子或穗子，更是精巧、秀雅、别致。

刺绣在保安族服饰文化中占有重要地位，保安族男女的衣帽上几乎都有精美的刺绣。在男性服饰上，一是号帽上，在伊斯兰教教规许可的前提下用刺绣作装饰，或用金黄色、绿色等绣花线刺绣阿拉伯字经文，并在帽边沿刺绣细细的曲线或花纹，或刺绣星月图案并加装饰曲线及花纹；二是在“绑身子”（一种类似马夹的服装）上，绣花、镶边；三是腰带上，保安族青年男子非常喜欢系绣花腰带。在女性服饰上，从头到脚，都有刺绣。“咪哪”（少女头饰）绣花、饰边；“柔”（一种恰身袍装）的胸前和下摆处绣花、饰边；“绑身子”绣花、饰边；少女和少妇的裤子在裤脚内侧和外侧绣花。

保安族民间刺绣品在选用材料、色彩搭配、图案选择、技法运用、构图风格上呈现出五彩斑斓、丰富多彩的特点。好的刺绣品构图饱满，形象突出，层次分明，线条清晰，色彩和谐，富有立体感，既有实用性，又是精美的工艺品。

第二节　特色农业结硕果

一、鸡蛋皮核桃哗啦啦地滚

在积石山县有一首歌叫《高高的积石山》，其中有几句歌词写道：“滔滔的黄河水，浪尖上飞皮筏，鸡蛋皮的核桃哗啦啦地滚……”其中的“鸡蛋皮的核桃哗啦啦地滚”，唱的就是保安族聚居的甘肃积石山县名闻遐迩的特产——大河家鸡蛋皮核桃。2007 年，“大河家鸡蛋皮核

桃”以丰富的营养和优良的品质在甘肃省林业博览会上，被授予铜奖。大河家核桃种植资源丰富，品种有六月黄、大屁股、鸡蛋皮、鸭蛋、石拿、绵核桃、大三棱等，鸡蛋皮核桃最出名。

积石山核桃栽植有2000多年历史，各乡镇均有栽培，保安族迁居积石山后，在房前屋后，沟、坡等闲散地广泛栽有核桃树。现有核桃栽培面积近2万亩，年产核桃20多万公斤，给当地人民带来了可观的经济效益。积石山的核桃以大河家镇、四堡子乡的鸡蛋皮最为有名，这种核桃壳光滑而薄，似“鸡蛋皮”，用手轻轻一捏即可破壳，脱仁容易，仁醇肥香甜，品质优良且出仁率高。产量较高，单株产量可达90～120公斤，但挂果树不多，没形成规模，产品供不应求。近年，自治县政府高度重视，大力扶持发展这种地方特产，将韩陕家滩确定为鸡蛋皮核桃基地，为鸡蛋皮核桃产业的发展开创了新局面。相信鸡蛋皮核桃这一地方名产一定会成为积石山县特色经济中的拳头产品。

图34 鸡蛋皮核桃（提供 丁生智）

二、大红袍花椒“麻”河州

金秋八月，花椒是积石山一道亮丽的风景。这个时节，如果到积石山走一走，恐怕给你最深最美印象的就是地处黄河之滨乡村的花椒了。你看那家家户户，村村寨寨，到处都是红艳艳的花椒，层林尽染，漫山红遍，院落里是花椒，地埂上是花椒，山坡上是花椒，大片农田里也是花椒。那一树树、一片片花椒红得耀眼，红得醉人，形成一种别样的风景。特别是浓浓的椒香，飘荡在院落里、田野上，让人神清气爽、气醉神迷，仿佛置身在仙境之中。

2004年，保安族聚居的甘肃积石山县被国家林业局命名为“中国花椒之乡”，2007年在甘肃省林业博览会上，“积石大红袍花椒”被授予铜奖，积石山县的花椒以优良的品质享誉省内外。

图35　椒红如丹（提供　施晓亮）

花椒属芸香科落叶灌木，其特点是适应性强，根系发达，生长快，结果早。叶青、花黄、子黑、皮红、肉厚味麻、气味浓香，是上等的调味品，能强化食品风味，减除腥膻味，同时具有温中祛寒、健胃止泻等医疗功效，还有防虫杀虫之功能。果实富含挥发油和脂肪，可蒸馏芳香油。积石山的花椒有刺椒、绵椒之分，刺椒香浓味鲜，产量稍低，因开花早容易霜冻，栽植面积小；绵椒，又名大红袍，色艳，粒大，产量高不易霜冻，栽植面积大，色味略次于刺椒。

花椒栽培历史悠久，早在3000年前，人们就已经把花椒用作香料和药物了。如制成椒酒、椒浆用来祭神、馈赠等，用椒泥涂抹宫室称为椒宫、椒室等，有些官宦有钱人还建有椒园。花椒既是经济林木，

也是观赏花木。元代诗人马祖常有“椒花染紫风雨香”之诗句，明人林宗也咏花椒云：“欣欣笑口向西风，喷出元珠颗颗圆，采处倒含秋白露，晒时娇映夕阳红。调浆美著骚经上，涂壁香凝汉殿中。鼎束亦名加此味，莫教姜橘独成功。”将花椒成熟状态、采晒情形、用途等写得非常优美。积石山的民歌“花儿”中也有生动的描述：“花椒树长哈的一啪嗒，杂刺刺把我的手扎；尕妹妹好比是海里的花，海宽水深摘不上她。”“花椒树开花叶叶儿麻，椒刺儿把我的手扎；人多眼杂搭不上话，漫一个花儿了走吧。”

积石山栽培花椒历史悠久，地处黄河之滨的各族人民，很早以前就已经栽植花椒了。现在花椒已经成为保安族人民重要的经济作物，大河家、石源、柳沟、关家川、胡林家、安集、银川、铺川、郭干等乡镇更是大面积栽植，而且以粒大、色艳、味醇、香浓而驰名省内外。1981 年自治县成立时，全县有花椒树 13 万余株，年产量 2.57 万公斤。1988 年，挂果花椒树达到 284.36 万株，产量达到 7.11 万公斤，纯收入 113.76 万元。近年来，积石山县加大投入，扶持花椒栽植，建成一批大中型花椒基地，全县花椒栽植面积迅速扩大，花椒已成为农村经济支柱产业之一。到 2007 年底，累计栽植花椒 25 万亩，已挂果 75 万亩，年产量 100 万公斤，产值达 2000 万元。产品远销兰州、广东、福建、四川等地，深受客商欢迎。

目前，该县花椒产业已辐射到全县 18 个乡镇的 80 个行政村，成为当地群众脱贫致富的“摇钱树”；通过发展花椒产业，该县还有效治理水土流失面积 15.8 万亩，实现了生态效益、经济效益和社会效益的有机统一。相信积石山美丽的未来中，花椒必是一道亮丽的风景；积石山富有勃勃生机的特色经济中，花椒必是重要的特色支柱产业。

第三节　经济社会比翼飞

一、丰富的物产资源

积石山县位于黄河上游，甘肃省西南部，临夏回族自治州西北角的小积石山东麓。东南与临夏县接壤，西与青海省循化撒拉族自治县毗邻，北与青海省民和县隔河相望，东北部与永靖县以黄河为界。地处黄土高原和青藏高原的交汇处和中原农耕文化与青藏高原草原文化的交汇地带，自古以来是甘肃进入青海的重要门户。丝绸之路、唐蕃古道横穿县境，黄河一出青海就流入积石山县，从县北端滔滔东去。这个保安族聚居地有悠久的历史、多彩的文化、丰富的物产资源。

文化资源异彩纷呈　积石山县有十分丰厚的文化积淀，早在新石器时代，积石山的先民用超人的智慧和灵巧的双手创造了极其丰富而璀璨的彩陶文化。目前发现的具有考古价值的史前古文化遗址多达140余处，出土文物数千件，并且文化类型丰富，有马家窑吴型、半山类型、马厂类型及齐家文化、辛店文化等类型。出土的彩陶制作精致、细腻，工艺娴熟、精湛，构思精巧，装饰精美。出土于安集乡三坪遗址、现珍藏于中国历史博物馆的被誉为“中国彩陶王”的彩陶瓮就是其代表作，可以说它代表了中国彩陶艺术的最高成就。

在这块古老、神奇而迷人的土地上，古往今来的一批批显贵高官和文人学士前来考察、游历、观光，并留下了大量高雅、隽永、大气、华美的诗章。这些诗作以积石山、积石峡、积石关、黄河、大禹治水、禹王庙等为内容，或借景抒怀，或托物言志，或讴歌伟绩，或凭吊先贤，诗情万解，情思澎湃，读来诗情态肆，回肠荡气，成为积石山文化史上一道道亮丽的文化景观。同时，积石山县地处中原农耕文化与青藏高原

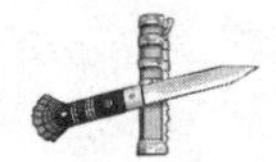

草原文化的交汇地带，地域文化丰富、独特、瑰丽，极具魅力，“花儿”、宴席曲、民间传说等具有浓郁的地域特色和民族特色。特别是“花儿”，曲令多，唱词丰富，特色鲜明，旋律优美。2004 年 8 月，积石山县被联合国教科文组织命名为“世界民歌（花儿）考察采录地”。

积石山县是一个多民族自治县。有汉、回、保安、东乡、撒拉、土等十个民族和睦相处。各具特色的民俗，浓郁的穆斯林风情，风格各异的伊斯兰教、佛教、道教建筑，构成民族地区一幅幅古朴、独特的民俗文化风情画卷。特别是积石山特有的保安族，其居住、服饰、腰刀、婚俗、小吃等民族文化，风情别致，独具魅力。

图 36　积石山民俗村（拍摄　丁生智）

种类丰富的农作物　积石山县土壤类型多样，有高山土壤、黑土、白麻土、黄麻土、黑麻土、红土等。类型多样的土壤孕育了种类丰富的农作物，粮食作物有小麦、青稞、洋芋、玉米、蚕豆、糜谷、胡麻等 8 个品种。蔬菜有 14 类 24 个品种，瓜类作物共有 4 类 12 个品种。林果种类繁多，共有 21 科 28 属 57 种。经济果树类共有 3 科 5 属 30 种，主要栽培品种有冬果梨、长把梨、红小梨、啤特果、苹果、核桃、樱桃、杏子、李子、花椒以及紫葡萄、白葡萄等。

动植物等资源　积石山县地处黄河南岸，黄河从青海省流过积石关进入甘肃省，流经县北部的大河家、石源、柳沟等乡（镇），最后注入刘家峡水库，流经县境达40多公里。全县水资源相对丰富，水能资源的蕴藏量达78000千瓦，可开发量为36500千瓦。丰富的水资源和山多峡多的地理特点，使积石山县有了丰富的动植物资源。野生动物主要有獾、苏门羚、蓝马鸡、雪鸡、狐狸、狼、水獭、山溪鲵等，其中苏门羚、蓝马鸡、雪鸡属国家二类保护动物。根据甘肃省草原工作队1983年调查，野生植物共有73科230属472种，其中优良牧草有48种，占10.17%。矿产资源有金、铜、花岗岩、石英石、砂石、黏土6种，其中，金、铜主要分布在黑大山、大墩峡等地；石英石主要产在安集乡安家山一带，探明储量316吨；砂石、黏土矿产资源储量丰富，分布广泛，砂石估算总储藏量3亿立方米，砖瓦黏土估算总储藏量3016万立方米。

二、民族自治硕果累累

积石山县自实行民族自治以来，坚持改革开放，艰苦奋斗，全力以赴搞经济建设。先后制定“强化基础，开发劳务，牧林工商，综合发展”，“林果畜牧劳务富民，工业乡企财贸富县”，“把握加快发展这一主题，突出基础设施建设、基础教育两个重点，实施产业化富民，项目拉动和旅游活县三大战略”，“南油北药，东椒西畜”，“特色产业富县、民营经济强县、商贸旅游活县、科技教育立县”四大战略，“依靠项目拉动、夯实发展基础、推进产业开发、实施扶贫攻坚、推动教育事业、解决群众‘五难’”等经济发展思路，经济建设和其他各项事业取得可喜成绩，综合经济实力明显增强。“十一五”期末，全县完成生产总值6.62亿元，比“十五”期末净增3.38亿元，年均递增10.25%；大口径财政收入3423万元，净增2248万元，年均递

增23.84%；社会消费品零售总额2.15亿元，净增1.19亿元，年均递增16.47%；全社会固定资产投资7.86亿元，净增4.8亿元，年均递增30.58%；农民人均纯收入2010元，净增861元，年均递增11.83%；城镇居民可支配收入7980元，净增3230元，年均递增13.54%。

农工商业快速发展　农业上通过加大投入，大兴水利和农田基本建设，改良土壤、引进良种、防治病虫害、推广农业新技术、改进和推广农机具，大力发展特色种植业，突出农业产业化经营，农业生产有了很大的发展。各类作物播种面积达到33.38万亩，粮食总产量达到7.5万吨；大牲畜存栏增加到6.6万头，农业总产值达到3.95亿元；农网改造全面完成，全县通电率达到100%；建成“一池三改”沼气池1.2万座；实施了南、北、中三片人饮工程，有效灌溉面积达到9.3万亩，解决了17.53万人和3.5万头大牲畜的饮水困难。林业上以市场经济为导向，调整林业产业结构和产品结构，以生态效益为目标，经济效益为重点，经济林、用材林、薪炭林一起上，重点发展经济林。完成退耕还林3.81万亩，花椒种植面积达到27万亩，蛋皮核桃2.2万亩。近年来，积石山县积极扶持工业商业贸易，“十一五”期间，共实施重点项目242项，累计完成投资28.3亿元。引进招商项目41个，到位资金9.68亿元。2010年，全县乡镇企业增加值1.67亿元，较2005年净增7860万元，年均递增15.2%。

城乡基础设施显著改善　“十一五”期间，新建县乡公路6条75公里，乡村公路70条331公里，村社公路80条313公里，县城成型道路达到19条13.9公里；投资11亿元，在县城新建办公、住宅、商贸等各类楼房55栋，房屋建筑面积达84万平方米；实施了总投资8061万元的大河家集镇改造、总投资2648万元的居集集镇改造工程。县城面积由2.5平方公里发展到3.9平方公里，县城人口由2.2万人增加到2.98万人。

社会事业全面协调发展　“十一五”期间，投资1.94亿元，改扩建学校164所、11.27万平方米，适龄儿童入学率由“十五”期末的95%提高到98.5%，考入大专以上院校的学生达2304人；文化事业发展步伐加快，公共文化服务设施不断改善，总投资1262万元的保安族民俗博物馆基本建成，民族文化宣传保护工作进一步加强，文物、古籍和非物质文化遗产的挖掘和整理工作不断完善；深入推进卫生“五制”改革，完成了13个乡镇卫生院改造及22个村卫生室建设，新农合参合率达到97.55%，基本建立了疾病医治、公共防疫和食品药品监管三大体系，全民健康水平显著提高。

“保安族艺术节”形成节会品牌　本着打民族牌、唱民族戏、走致富路和文化搭台、旅游牵线、项目栽桩、经济唱戏的目的，积石山县成功举办了三届保安族艺术节，举办“花儿”比赛、民族风情演唱会、体育运动会、物资交流会、建设成就展、彩陶文物展、民族文物展、书画作品展、摄影艺术展、黄河奇石展和招商引资等活动，用“保安族艺术节”这个节会品牌进一步提高了积石山县的知名度，提高了保安族的知名度，取得了很好的社会效益和经济效益，加快了让世界了解保安族、让保安族走向世界的进程。

图37　花儿盛会（提供　丁生智）

三、美丽山城展新颜

保安族聚居的积石山县县城吹麻滩镇坐落在陇上名山积石山的东麓。吹麻滩是一条远古冰川运动造成的狭长谷地，宽约 3 公里，长约 20 公里，海拔 2260～2305 米，地处全县地理中心，东南距临夏回族自治州人民政府驻地临夏市 55 公里，西北距青海省循化县城 52 公里，距省城兰州市 217 公里。民间传说这里常有蟒蛇出没，人称“出蟒滩”；又传说成吉思汗曾驻军于此，又称“驻马滩”，其实吹麻滩得名于宋时吐蕃筑的吹麻城。

吹麻滩是一个具有历史悠久的小镇，根据出土的青铜质箭镞和汉代武官所佩“豕原道都尉”篆体铁质方块印章等文物推断，汉代就在这里设有军政机构并驻军。到了宋代，吐蕃筑有吹麻城，相沿已久，以此得名。明代该地属河州吹麻里，清代乩藏王土司设吹麻寨子，民国时设和平镇。新中国成立后，先后设吹麻滩回族自治区、吹麻滩公社、吹麻滩区、吹麻滩乡。1981 年积石山县成立后，吹麻滩被定为县城，1983 年改乡为镇，成为自治县政治、经济、文化的中心。吹麻滩成为县城后，这个民国时只有一农贸集市，几十家铺面，几条小街巷的小集镇发生了日新月异的变化。特别是近几年，县城基础设施、功能日趋完善，人居环境不断改善，县城的综合承载能力、生态环境和文化品位有了很大提高。

目前，这个只有 29 年建县历史的年轻小城镇，城区面积已达到 3.9 万平方公里，县城人口从建县初的 600 人增长到 2.98 万人。五纵十横的县城道路构成了完善的县城路网结构，成型道路达到 17 条、12 公里。房屋建筑面积达到 43 万平方米，特别是新世纪花苑住宅小区，建成楼房 22 幢，建筑面积达到 11 万平方米，在为城镇居民提供住房的同时，也为县城增添了新的看点。地下拦截水坝、排水工程、高位水池、县城集中供热工程等基础设施的建成，使县城的防洪能力、生产生活用水供应和供热水平得到极大提升。民贸商厦、积石商贸城、积石商厦，遍布各街区的商铺及粮食、牲畜、煤炭、蔬菜、物资贸易、木材6个专业市场和工业园区，成为县域经济蓬勃发展的一个缩影。积石宾馆、银海宾馆、金顺餐厅、明峰餐厅、大禹餐厅及星罗棋布的特色小吃店，给人们提供了充裕的住宿和丰富的饮食条件。吹麻滩中学、吹麻滩小学、希望小学、幼儿园、图书馆、博物馆、体育场、县医院、民族医院等教育卫生设施的建设达到了新的水平，为城镇居民教育、医疗保健和文化娱乐提供了坚实的保障。

浓郁的穆斯林风情是这座小城的一个鲜明特点，一座座阿拉伯式，或中国古典式，或中阿合璧式的顶部有一轮新月的清真大寺，直插霄汉的宣礼塔，成为一道别样的景观。主麻日涌向清真寺礼拜如云的人流，标有“星月”图案和“清真”字样的餐厅、饭馆，风味独特、形状精巧的民族小吃，鲜明的民族服饰，精美的民族手工艺品等，都会给人们留下难忘的记忆。

县城的绿化、亮化、景观等美化工程，使这个民族城镇换上了新颜。大禹广场是县城建设中一项大手笔工程，它的建成，为县城增加了一个集大型集会、休闲、娱乐为一体的场所，极大地提高了县城的文化品位。这是一个大气、别致、极富特色的广场，占地98亩。广场绿地1.7万多平方米，栽植雪松、桧柏、海桐球、洒金柏等树木260株，种植各种花木4500多株，摆放盆花两万多株，绿化率达30%。安装风车灯、椰子树灯、梨花灯等新颖别致的广场灯50盏，高杆灯一盏，并建成大型音乐喷泉。每到夜晚各种彩灯五彩缤纷，喷泉随音乐节奏时红、时黄、时绿，五光十色，五彩斑斓，与各种彩灯交相辉映，相映成趣，如梦如幻。

图38　大禹广场（拍摄　丁生智）

县城的绿化亮化也是值得称道的，经过多年的建设，已形成点（中心花园、憩园、广场）、线（沿街行道树、滨河路绿化带）和面（庙山绿地和北山绿地）相结合的县城绿化体系，基本上达到了“春有花、夏有荫、秋有果、冬有绿”的绿化效果。目前有公共绿地6处，即庙山绿地、北山绿地、中心花园、广场绿地等，合计占地面积达318亩。并按“统一规划、合理布局、一次成型”和“一街一树一景”的要求，栽植行道树，县城道路绿化普及率达到100％，县城绿化覆盖率达到24％，人均公共绿地面积达到11平方米。这使县城形态、空间景观和人居环境不断改善。亮化工程建设不但给居民提供了方便，更为夜晚的县城注入了活力，使县城变得更加璀璨亮丽。目前，县城各主要街道共安装路灯227盏，制作彩灯门12座，庙山公园安装射灯25盏，大禹广场安装了新颖别致的风车灯、椰子树灯等50盏，县城道路80％的路段安装了路灯。

吹麻滩这座美丽的高原小城，高楼鳞次栉比，街道纵横交错，车水马龙，广场宏敞大气，公园、草坪精巧雅致，道路绿树成荫，人民

图 39 公园一角（拍摄 丁生智）

安居乐业，具有独特的山城风格和浓郁的民族特色。特别是夏日的吹麻滩，青山如黛，鸟语花香，风光如画，气候凉爽，是人们旅游观光、休闲避暑的好地方。

四、引水修路促发展

农田水利工程和农村引水工程建设，是党和人民政府对少数民族的关怀和少数民族地区的大力扶持。这些民心工程，惠及千家万户，从根本上改变了保安族人民靠天吃饭的农业生产条件和吃水难的问题，使保安人民生产和生活条件得到极大的改善，生活水平不断提高。

新中国成立后，在中国共产党和人民政府的大力支持下，勤劳的保安族人民，积极兴修水利，水利建设取得丰硕成果，农田灌溉条件和饮水条件得到极大改善，生产、生活水平得到极大提升。保安族人民兴修水利的历程成为他们全面发展、进步、富裕的一个缩影。

1954～1984 年，国家先后 6 次采取“国家投资，群众投工投劳”的形式，修建完成三庄渠、团结渠、大墩渠、刘李渠工程，合计修筑引水

干渠 50 多公里，灌溉面积 7500 多亩。这些水利工程的建成，使大墩、甘河滩、梅坡、高赵家、李家等地的保安族农民基本达到人均一亩水浇地，从根本上改变了靠天吃饭的农业生产条件。积石山县成立后，加大水利建设投资，对原有水利设施进行改建、续建、维修，保安族聚居区的农业灌溉条件得到进一步改善，同时加大投资，建设泉引自来水工程。先后完成大河家镇梅坡村岭上泉引工程和刘集乡团结泉引工程，解决了 3000 多人饮水困难，使大多数保安族村民用上了干净方便的自来水。

图 40　引水工程（提供　丁生智）

2007 年，国家扶持人口较少民族发展专项资金项目投资 41 万元，积石山县自筹 33 万元，改造了大河家镇三庄渠，衬砌总干渠 180 米，甘河滩渠 3.5 公里，梅坡渠 4.2 公里，大墩渠 3 公里，改建电灌一处，新增灌溉面积 6000 亩。

保安族聚居的积石山县地处黄河南岸，黄土高原和青藏高原的交汇处，自古以来是甘肃进入青海的重要门户。但新中国成立前，公路交通只有临夏到吹麻滩的一条简易车道，几乎没有现代意义上的公路交通。新中国成立后，在党和政府大力扶持下，保安族地区公路交通事业才得到不断发展。特别是积石山县成立后，党和各级政府，将改善交通条件、解决群众行路难问题放在与扶贫攻坚同等重要的位置，尽全力发展保安族地区的公路交通建设，保安族地区的公路交通由此得到显著改善。1981～1988 年，先后投资 5000 多万元，建成兰州至吹麻滩、临夏至大河家、临夏至吹麻滩、保安三庄循环公路等合计 300 多公里。1988 年，中央和甘肃省投资 450 万元在甘肃、青海两省交接处的大河家建成黄河大桥，使黄河天堑变为两省人民交往的通途。

近几年，积石山县委、县人民政府以项目为支撑，以公路建养为切入点，以提高公路通行能力为目标，千方百计争取项目和资金；加大公路投入，实施的通达通畅工程，极大地改善了保安族聚居区的乡村道路条件。仅“十一五”期间，新建县乡公路 6 条 75 公里，乡村公路 70 条 331 公里，村社公路 80 条 313 公里，县城成型道路达到 19 条 13.9 公里。目前保安族聚居的积石山县大河家镇的大墩村、梅坡村、甘河滩村，刘集乡的高李村、团结村、肖家村、阳洼村，柳沟乡的斜套村、尕集村、袁家村等的乡到村的道路已全部硬化，大部分村社道路也已硬化，有的村庄的巷道也已硬化，保安族聚居的乡村全部通了柏油路或水泥路，彻底解决了保安族群众行路难的问题。也为保安族人民实现经济快速发展奠定了基础。

图 41　临大公路（拍摄　丁生智）

五、医疗卫生条件不断改善

新中国成立前，保安族聚居的地区没有专门的医生和医疗设施，疾病流行，瘟疫猖獗，保安族人民时常遭到病痛和死亡的威胁。新中国成立后，党和政府积极发展少数民族地区的医疗卫生事业，努力提高少数民族的健康水平。1952 年，临夏县人民政府先后在保安族聚居的大河家、刘集建立了诊疗所，配备了卫生保健员。1958 年，各大队相继成立了保健站。1966 年，各公社成立了公社卫生院。1970 年，北京地坛结核医院的 47 名医务人员，来到今积石山县的吹麻滩，他们带来资金 3 万元，省上拨款 13 万元，在吹麻滩新建了临夏县第二人民医院。

积石山县成立后，保安族的医疗卫生事业开始蓬勃发展，医疗卫生条件不断改善，医疗技术不断提高，卫生队伍逐步发展壮大，群众看病更加便捷，人民健康水平大幅度提高。到 1995 年，建立健全了县、乡、村三级医疗卫生网络，新建成县人民医院住院部和门诊楼，计划生育指导站楼，保安族聚居区的大河家中心卫生院门诊楼和住院部。2001 年投资建成县人民医院血库，2004 年投资建成县疾病预防控制中心综合实验楼和县妇幼保健站业务楼。2006 年投资 276 万元，改建了安集、关家川、刘集、柳沟等九所乡镇卫生院，总建筑面积达 4890 平方米。2007 年，改建或新建了保安族聚居的大河家镇大墩村、甘河滩村、韩陕家村，刘集乡高李村、刘集村，柳沟乡斜套村、袁家村等 9 个村卫生室，每个村卫生室投资 7 万元，修建业务用房 60 平方米，配备了 100mA 医用诊断 X 射线机、B 超机、简易手术床、电动吸引器、无影灯等设备，极大地改善了村上的医疗条件，为当地群众身体健康提供了有效的保障。

2007 年，全县有医疗卫生机构 233 个，其中县、乡两级医疗卫生机构 20 个；村卫生所室 145 个；社会医疗机构 68 个。卫生技术人员 378 人，村级卫生人员 222 人。每千人拥有卫技人员 1.61 人。在保安族聚居区有大河家中心卫生院，刘集和柳沟2个乡卫生院，9个村卫生室。全县共有保安族医护人员35名，其中女性20名，中级职称的4名，初级职称的15名。医疗设备不断得到更新和配套，拥有CT扫描仪、呼吸机、电视透视系统等先进设备，全县拥有病床340张，平均每千人拥有医院病床1.44张。

计划免疫、妇女保健、传染病防治、地方病防治也取得显著成绩。积石山县历史上曾经发生过鼠疫、天花、流脑、麻疹、病毒性肝炎、结核病、麻风病、性病、流行吐腮腺炎等20多种传染病。目前大多传染病已被消灭，没有消灭的发病率也大大降低。2007年计划免疫五苗覆盖率达到95.24%，乙肝全程接种率达到96.03%。妇女保健工作迈上新的台阶，2007年，高危产妇住院分娩率达到92.6%；三级保健网建卡管理率达到88.0%，新法接生率达到95.9%。积石山县的地方病主要有碘缺乏病、氟中毒病、麻风病、布鲁氏杆菌病。经过防治，1987年后再未发现麻风病例，1995年后再未发现布鲁氏杆菌病例，达到“稳定控制区”标准。1986年地方性甲状腺肿大和克汀病达到国家规定的控制标准。2006年3月，县地病办盐碘实验室建立，第一次独立开展了食用盐定量监测，居民合格碘盐食用率达91.6%。2010年，居民合格碘盐食用率达97.55%。全县累计实施氟病区改水工程20个，受益人口22万人，地方性氟中毒病区范围大大缩小。

从2007年5月开始，全县实施新型农村合作医疗，到2007年底，共有177825人参加了合作医疗，新型农村合作医疗覆盖全县17个乡镇145个行政村，覆盖率为100%，参合率为93.92%。近年来，积石山县深入推进卫生“五制”改革，完成了13个乡镇卫生院改造及22个村卫生室建设。2010年，新农合参合率达到97.55%，基本建立了疾病医治、公共防疫和食品药品监管三大体系。解决了保安族在内的许多农村贫困患者的家庭困难，也促进了农民小病不再拖，有病及时

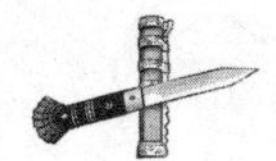

治的良好就医观念的形成，使农民的健康水平不断提高。

六、迅速崛起的大河家镇

黄河冲出积石雄关后，放缓了奔腾的脚步，背靠积石山小憩了一会儿，于是将一个得水藏风、物产丰富的大河家作为礼物赐给了这里的人民。大河家镇地处黄河上游甘、青两省三县（甘肃省积石山县、青海省民和县和循化县）交界处，离青海省城西宁市、甘肃省城兰州市200多公里，距临夏州府所在地临夏市80公里，距积石山县城27公里。它的西面是地险天成的积石雄关，北面是黄河天险中著名的古临津渡口，是古丝绸之路之要津和甘肃进入青海之门户。

大河家镇是甘肃省特有的少数民族——保安族的主要聚居地。主要居住在大墩、梅坡、甘河滩三个村。大河家全镇面积51.64平方公里，辖10个行政村，除甘河滩、梅坡、大墩村为丘陵沟壑区外，其余都在黄河二级台地上，地势平坦，土地肥沃，水力资源丰富，是积石山县光、热、水最佳的地区，是县上有名的冬果梨、鸡蛋皮核桃、苹果的主要产地，另外除传统的农作物外，瓜果蔬菜品种多，质量好。

图42　旱作农业（拍摄　丁生智）

这是一座具有极其丰厚文化底蕴的小镇。其区域内广泛分布有史前的马家窑文化、半山文化、马厂文化、齐家文化、辛店文化遗址。同时又是传说中大禹治水的源头。这里的先民吮吸黄河母亲的乳汁，用超人的智慧和灵巧的双手创造了极其丰富而璀璨的远古文明。历史上曾在这里设置过河关县、临津县、积石军、积石州、积石关、长宁驿等军政机构。明朝时，这里为河州茶马互市的榷场，以茶马交易为主的商贸活动相当活跃。

新中国成立后，这个古老的小镇依靠得天独厚的区位优势和国家扶持的机遇，得到快速的发展。1988 年，积石山县将大河家列为黄河上游民族经济开发区，重点建设，建成主街 6 条，楼房 6 幢，修盖铺面 286 间，集体企业 15 家，个体工商户 83 家，饮食服务业 20 家。横跨甘、青两省的黄河大桥建成后，大河家镇成为东靠临夏，西通循化、化隆，北临民和，直通西宁，辐射两省四县的农贸商品集散地。先后被列为国家建设部全国 100 个首批小城镇试点集镇之一，甘肃 50 个全省小城镇建设示范镇之一。2002 年完成集镇总体规划，规划面积 4 平方公里。2006 年 8 月，四堡奋子乡合并到大河家镇。2007 年，集镇面积达到 0.68 平方公里，城镇人口 1.2 万人。先后建成装机容量 6000 千瓦的大河家电厂、汽车站，开通了环城西路，建成大河家中心卫生院。

“十一五”期间积石山县实施了总投资 8061 万元的大河家集镇改造建设工程，通过集镇建设让这个千年古镇重现辉煌，成为带动当地保安族群众迅速走向富裕，乃至带动县域经济快速发展的强大引擎。在建设中，像依河而建占地 9 亩的保安族文化广场、滨河路、保安族民族用品一条街等，都将地域优势和文化特色尽情释放。大河家集镇改造工程全面完成后，整个集镇的基础设施将得到进一步完善，辐射带动能力进一步增强，区位优势和民族特色进一步凸显，对促进大河

家镇及全县经济社会的发展将起到积极的推动作用。

近年来，依托优越的区位优势，快速发展的民营经济为大河家镇的发展注入了生机和活力。吸引和利用社会与民间资金，先后建成了集日用百货、食品（清真食品为主）、民族特需服饰等商品的大型购物超市，木材专业交易市场，以仓储、配载、交易展示为中心的物流园区。还投资建设保安腰刀厂、皮革厂、宾馆饭店等民营企业。乡镇企业达到 342 个，有各类商品交易市场 8 个，个体工商户近三百户，私营企业 33 户。

通过集镇建设改造，大河家镇服务旅游业的能力全面提升。大河家人民也在大力挖掘并有效整合当地各种民俗旅游资源，打造自己的诸如保安族、撒拉族民族风情，大禹治水的源头、彩陶故里、临津古渡、黄河奇石、大河文化，以及电站旅游资源等核心旅游品牌。另外，大河家镇离青海著名的孟达天池只有二十几公里的路程，这些年随着青海旅游业的推介力度加大，每年到青海孟达天池旅游的人数很多，而大河家镇便是离孟达天池最近的集镇之一。对大河家镇来说，不仅是一个吸引孟达天池游客的过往地，更是一个颇有吸引力的旅游目的地。相信大河家这座美丽的小镇，依靠得天独厚的地理位置、瑰丽的山川、丰富的人文景观、丰厚的文化底蕴，一定会迅速发展崛起。

参考文献

[1] 马少青．保安族．民族出版社，1989.

[2] 马如基．河州风情．甘肃人民出版社，1992.

[3] 董克义．积石山保安族东乡族撒拉族自治县志．甘肃文化出版社，1998.

[4] 杨新科．保安族人口．兰州大学出版社，2000.

[5] 马少青．保安族文化形态与古籍文存．甘肃人民出版社，2001.

[6] 妥进荣．保安族经济社会发展研究．甘肃人民出版社，2001.

[7] 董克义．积石山史话．甘肃文化出版社，2006.

[8] 董克义．保安族 N 史话．甘肃文化出版社，2009.